Walter Krämer, Wolfgang Sauer
Lexikon der populären Sprachirrtümer

SERIE PIPER

Zu diesem Buch

Hätten Sie gewußt, daß die Bezeichnung »Bulle« für einen Polizisten aus dem Niederländischen stammt und eigentlich »kluger Kopf« bedeutet? Daß ein pomadiger Mensch nicht etwa besonders schmierig ist, sondern, wie der polnische Wortstamm »po malu« besagt, langsam und gemächlich? Oder daß die Schattenmorelle eine Verballhornung des französischen »Chateau Moreille« darstellt? Die deutsche Sprache ist eine Fundgrube an Verdrehern, falschen Übersetzungen und historischen Denkfehlern. Die versierten Sprachkenner Walter Krämer und Wolfgang Sauer entführen den staunenden Leser in die Welt der Sprache und ihrer spannenden Entwicklung. Anschaulich und unterhaltsam zeigen sie anhand zahlreicher Beispiele, wie lebendig Sprache ist: ein zuverlässiges Nachschlagewerk der kurzweiligen Art.

Walter Krämer, geboren 1948, ist Professor für Wirtschafts- und Sozialstatistik an der Universität Dortmund. Er ist Vorsitzender des »Vereins Deutsche Sprache e.V.« (www.vds-ev.de). Zu seinen größten Bucherfolgen gehört das »Lexikon der populären Irrtümer« (mit Götz Trenkler). Zuletzt erschien von ihm »Die Ganzjahrestomate und anderes Plastikdeutsch« (mit Roland Kaehlbrandt).
Wolfgang Sauer, geboren 1944, ist Professor für Sprachwissenschaft an der Universität Hannover. Er ist Autor und Herausgeber zahlreicher Publikationen zu Sprachgebrauch und Sprachentwicklung und Verfasser von Sprachglossen in verschiedenen Tageszeitungen.

Walter Krämer, Wolfgang Sauer

Lexikon der populären Sprachirrtümer

Mißverständnisse, Denkfehler und Vorurteile
von Altbier bis Zyniker

Ein Eichborn. Lexikon

Piper München Zürich

Von Walter Krämer liegen bei Piper im Taschenbuch vor:
So lügt man mit Statistik
Statistik verstehen
Denkste!
Lexikon der populären Irrtümer (mit Götz Trenkler)
Das neue Lexikon der populären Irrtümer (mit Götz Trenkler und Denis Krämer)
Modern Talking auf deutsch
Das Beste aus dem Lexikon der populären Irrtümer (mit Götz Trenkler)
Lexikon der populären Sprachirrtümer (mit Wolfgang Sauer)
Die Panik-Macher (mit Gerald Mackenthun)

Ungekürzte Taschenbuchausgabe
Piper Verlag GmbH, München
März 2003 (SP 3657)
August 2005
3. Auflage Oktober 2007

Umschlag/Bildredaktion: Büro Hamburg
Heike Dehning, Charlotte Wippermann,
Alke Bücking, Kathrin Hilse
Umschlagabbildung: Janusz Kapusta/Illustration Source, PicturePress
Fotos Umschlagrückseite: Michael Kirchner (Walter Krämer), Fotostudio 54, Hannover (Wolfgang Sauer)
Papier: Munken Print von Arctic Paper Munkedals AB, Schweden
Gesamtherstellung: Clausen & Bosse, Leck
Printed in Germany ISBN 978-3-492-24460-2

www.piper.de

Inhalt

In jedem Wort klingt
der Ursprung nach,
wo er sich herbedingt.

Goethe

Vorwort

Wörter haben ihre Geschichte, und die ist manchmal ganz schön verworren. So verworren, daß Wörter uns heute aufs Glatteis führen können. Wir glauben, daß die Bratwurst so heißt, weil sie gebraten wird. Die Hängematte sehen wir als eine Matte, die zwischen zwei Bäumen hängt, den Windhund erklären wir uns mit der schnellen Laufgeschwindigkeit dieses Hundes, das Paßwort halten wir für eine Errungenschaft des Computer-Zeitalters. Die Geschichte solcher Wörter, ihre Etymologie (Lehre von der Wortherkunft) belehrt uns aber eines anderen. Ursprünglich bedeuteten diese Wörter nicht das, was sie uns heute sagen. Die Menschen, die sie über die Jahrhunderte verwendet haben, haben sie verändert, sie an das angepaßt, was ihnen vertraut war. Die Herkunft der Wörter wurde vergessen, die Volksetymologie gab ihnen einen neuen Stammbaum.

Diese Neudeutungen entstanden aus unterschiedlichen Gründen. So stellte man sich vor, daß Wörter, die ähnlich klingen, auch ähnliche Bedeutungen haben und miteinander verwandt seien. Auf diese Weise rückte der Geruch neben das Gerücht, verbanden sich Banditen mit Bande, ließ unverfroren an frieren denken. Dann wurden Wortbestandteile verwechselt, der »selhund« wurde zum Seehund, das »helfantbein« zum Elfenbein, der »Elfenkönig« zum Erlkönig. Schließlich bekamen Wörter aus der Fremde einen heimischen Klang, glichen sich an Bekanntes an. »Markata« wurde zur Meerkatze, »fjeldfross« zum Vielfraß.

Weiter sind da noch die Sprichwörter und Redensarten, die einen Sinn ergeben, den sie ursprünglich gar nicht hatten. Warum bekommt jemand ausgerechnet »einen Bären aufgebunden«? Wieso holt »Barthel« gerade »Most«? Weshalb ist etwas »unter aller Kanone«? Bären sind ein bißchen zu groß, als daß ein Mensch sie sich aufbinden lassen könnte, Most zu besorgen erfordert keine besonderen Fähigkeiten, unter Kanonen befindet sich nichts als fester Boden.

Andere Wörter sind weniger aus etymologischen denn aus sachlichen Fehldeutungen entstanden. Die Walnuß ist keine Nuß, die Erdbeere keine Beere und die Kaffeebohne keine Bohne.

Und dann gibt es noch solche Wörter, die glänzen wie des Kaisers neue Kleider. Wieviel Kredit gibt es auf die Kreditkarte, wieviel Kalbsleber ist in der Kalbsleberwurst?

Ein letzter, nicht geringer Teil von Stichwörtern schließlich ist als Antwort auf ein bekanntes Goethe-Wort zu sehen: »Wenn jemand Wort und Ausdruck als heilige Zeugnisse betrachtet und sie nicht etwa wie Scheidemünze und Papiergeld, nur zu schnellem augenblicklichen Verkehr bringen, sondern im geistigen Handel und Wandel als wahres Äquivalent ausgetauscht wissen will, so kann man ihm nicht verübeln, daß er aufmerksam macht, wie herkömmliche Ausdrücke, woran niemand mehr Arges hat, doch einen schädlichen Einfluß ausüben, Ansichten verdüstern, den Begriff entstellen und ganzen Fächern eine falsche Richtung geben.« Deshalb haben wir auf den folgenden Seiten auch eine Reihe »herkömmlicher Ausdrücke« aufgenommen, »woran niemand mehr Arges hat«, weil sie die Wirklichkeit entstellen, statt sie widerzuspiegeln und uns in eine seltsame Richtung führen.

Wörter können täuschen, aber auch im Falschen ist das Wahre, denn sie funktionieren unabhängig von ihrer Herkunft. Wer Einfaltspinsel genannt wird, weiß, was der andere ihn schimpfen will. Es wird ihn kaum trösten, daß er kein Pinsel ist. Die Bedeutung von Wörtern entsteht durch ihre Verwendung. Ihr Schillern läßt sie sperrig gegenüber einer strikten Kategorisierung sein. Denn – noch einmal Goethe: »Kein Wort steht still.«

In diesem Buch haben wir alle die Wörter, die uns aus den verschiedenen Gründen im dunkeln lassen, gar täuschen, in sechs Kapiteln aus bewährten Lebensbereichen angeordnet. Wer wissen will, welche Fallen »Essen und Trinken« bietet, wird Spaß daran haben, den Text dieses Kapitels zu lesen. Wem manche Namen von Tieren und Pflanzen rätselhaft erscheinen, der mag in »Flora und Fauna« herumblättern. »Menschen und Gefühle« oder »Wirtschaft und Gesellschaft« können zum Nachdenken über die Werte und Wörter unseres Daseins anregen. »Geld und Gut« oder »Raum und Zeit« lassen diese vielleicht in heiterem Licht erscheinen. Wie auch immer unsere Leserinnen und Leser mit diesem Buch umgehen, es soll vor allem unterhalten, und deshalb haben wir auch – ein gewisses Naserümpfen unserer verehrten akademischen Kollegen in Kauf nehmend – Fußnoten, akribische Quellenangaben und andere Hemmnisse des Lesens so gut es geht vermieden. Am Ende des Buches ist die Literatur aufgeführt, die alles ganz genau nachzuschauen ermöglicht und die zum Weiterlesen anregen mag.

Wer dieses Buch in dem einen oder anderen Fall zum Nachschlagen eines einzelnen Wortes zu Rate ziehen möchte, der sei auf das Register verwiesen. Hier sind alle Stichwörter alphabetisch geordnet zugänglich.

Viele, aber nicht alle Stichwörter sind mit einem Zitat versehen. Wir wollen damit zeigen, wie lebendig unsere Wörter sind oder waren. Goethe zu »Schlittschuhen«, Fontane zu »Wiener Würstchen«, Johann Peter Hebel zur »Bratwurst« – es beruhigt, daß sich auch große Geister mit kleinen Dingen abgegeben haben. Aber auch den »Bayerischen Rundfunk« und die »Berliner Zeitung«, Johannes Mario Simmel und Eckhard Henscheid,

Werbesprüche und Filmtitel haben wir als Zeugen für den weiten Bogen, den das gute und alte Deutsch über alle Bereiche unseres Lebens spannt, in unsere Blütenlese aufgenommen.

Für Ideen und Anregungen danken wir Wiebke Hayenga und Niki Hübner, Denis Krämer, Michael Lohre, Roland Schultze und Götz Trenkler, der einem von uns auch bei früheren Projekten ein unentbehrlicher Helfer gewesen ist.

Dortmund und Hannover, Frühjahr 2001
Walter Krämer und Wolfgang Sauer

1. Kapitel: Essen und Trinken

Es ist keineswegs gleichgültig, wie man die Sachen nennt ... Der Name schon bringt eine Auffassungstendenz mit sich, kann glücklich treffen oder in die Irre führen. Er legt sich wie Schleier oder Fessel um die Dinge. Karl Jaspers

Altbier:

Altbier ist ein besonders altes Bier.

Altbier hat durchaus etwas mit alt zu tun, wenn auch auf andere Weise, als der Name auf den ersten Blick vermuten läßt: Es heißt Altbier wegen der obergärigen und früher allgemein üblichen Brauweise.

Bei dieser Art des Brauens muß man das Bier während des Gärens nicht kühlen, am Ende der Gärung steigen die Bierhefen im Bottich nach oben. Heute werden u. a. noch Weizenbiere und Kölsch auf diese Art gebraut. Bei der modernen, untergärigen Brauweise muß das Bier während des Gärens gekühlt werden, dabei setzen sich die Hefen am Boden des Bottichs ab. Das Altbier heißt also Altbier, weil man es nach alter Weise braut.

Amerikaner:

Amerikaner kommen aus Amerika.

Es gibt Amerikaner, die sieht man auf Neuschwanstein mit ihren Fotoapparaten. Und dann gibt es Amerikaner, die man ißt: Aus Mehl, Zitronensaft und viel Zucker und Butter geformte

Teigportionen, die man im Backofen bei 180 Grad (Umluft 160 Grad) auf mittlerer Schiene etwa zwölf Minuten bäckt. (»Nicht zu dicht nebeneinander setzen: Die Amerikaner gehen noch auseinander.« Rezept aus einem Kochkalender.)

Anders als die Neuschwansteiner Amerikaner kommen die Backofenamerikaner aber nicht aus Amerika und haben auch sonst mit dem gleichnamigen Kontinent nichts zu tun. Ihren Namen haben sie von dem Hirschhornsalz (lateinisch Ammoniumhydrogencarbonat), das dem Teig früher anstatt des modernen Backpulvers beigegeben werden mußte, um den Amerikanern ihre bekannt fluffige Konsistenz zu geben. Deshalb hießen die Amerikaner zunächst Ammoniakaner, in Verballhornung des Ammoniumhydrogencarbonats, bis sich ein findiger Bäcker seiner Kunden erbarmte und daraus den weniger die Zunge brechenden Amerikaner machte.

Backfisch:

Backfisch kommt von Backen.

Nicht wie der »Backfisch« Diana: Auch ein enger Ehering und Fluglärm machen Sophie nicht verrückt. (Aachener Zeitung)

Ein Backfisch ist ein Fisch, der, weil zu klein und mager, ins Wasser zurückgeworfen wird (back = zurück). Schon vor der modernen Englischwelle wurden junge Mädchen, die noch nicht im heiratsfähigen Alter waren, häufig »Backfische« genannt. Heute ist diese Bezeichnung nur noch gelegentlich gebräuchlich. Unter »Backfisch« verstehen viele das, was der Backfisch auch schon immer war: ein panierter Fisch, der in der Pfanne gebraten (gebacken) wird.

→ Siehe auch **Bückling** weiter unten im gleichen Kapitel.

Beifuß:

Der Beifuß hat etwas mit einem Fuß zu tun.

Allenfalls indirekt: Der Römer Plinius berichtet, daß diese Pflanze, einem Reisenden ans Bein gebunden, vor Ermüdung schütze. Aber ihren deutschen Namen Beifuß hat sie aus dem alten »pipoz«, das aus »bozen« = schlagen (heute noch in Amboß) entstanden ist und etwa bedeutet: ein Gewürz, das beigestoßen wird, oder: ein Gewürz, das Geister abstößt. Ende des Mittelalters wurde der »pipoz« dann zum »bivous« und der »vous« zum Fuß.

Berliner:

Die Berliner heißen auch in Berlin Berliner.

Die bekannten, in heißem Fett gebackenen, mit Marmelade gefüllten Hefeteigbällchen heißen überall Berliner. Sogar in Portugal werden sie als »bolas do Berlim« (Berliner Bällchen) verkauft. Nur in Berlin ist das anders. Dort wird das Backwerk hartnäckig Pfannkuchen genannt.

→ Siehe auch **Wiener Würstchen** im gleichen Kapitel weiter unten.

Bier:

Das Bier in der Redewendung »das is nich mein Bier« hat etwas mit dem gleichnamigen alkoholischen Getränk zu tun.

Die Redewendung »Das ist nicht mein Bier« drückt entschiedene Ablehnung aus: Das ist nicht meine Angelegenheit. Vermutlich geht es dabei aber nicht um Bier, sondern um Birnen. Bier kann hier auch als Umgestaltung einer Mundartform von »Birne« erklärt werden. Im Kölner Dialekt bedeutet die Redensart »dat söänd ding Beäre net«, »das geht dich nichts an«.

Blümchenkaffee:

Blümchenkaffee ist ein Ersatzkaffee aus allerlei gerösteten Kräutern und Blumen.

Der Blümchenkaffee wird wie ordentlicher Kaffee aus gemahlenen Kaffeebohnen zubereitet. Er ist jedoch so dünn, daß das Blumenmuster auf dem Boden der Tasse sichtbar bleibt.

Der Ausdruck ist scherzhaft gemeint und wird der sächsischen Mundart zugeschrieben. Aus dem sächsischen Meißen kommt seit Jahrhunderten besonders edles Porzellan, dessen Tassen reich mit Blumenmalerei verziert sind. Und da die Sachsen als sparsam gelten, bereiteten sie früher den Kaffee so, daß man – als Ausgleich für den schwachen Kaffee – wenigstens die Blümchen auf dem Tassenboden sehen konnte.

Bockbier:

Bockbier hat etwas mit Ziegenbock zu tun.

Der Name »Bockbier« (zuweilen auch nur »Bock« und als Steigerung dann »Doppelbock«) kommt von der Stadt Einbeck, wo diese Sorte Bier erfunden wurde (»Ainpöckhisch Bier«). Von Einbeck brachte es der Braumeister Elias Pichler 1614 nach München (»Oabockbier«), und ab da geriet die Herkunft des Namens in Vergessenheit (vielleicht haben bei der Umdeutung auch andere bayerische Bierbezeichnungen wie »Schöps« und »Geiß« geholfen).

Auf Französisch heißt ein Glas Bier »un bock«.

Irreführung des Publikums: Was macht der Bock auf der Bockbierflasche?

Bockwurst:

Die Bockwurst wird aus dem Fleisch von Böcken hergestellt.

Mit »Bock« hat die Bockwurst ebensowenig zu tun wie das Bockbier. Sie ist eine Fleischwurst, die in heißem Wasser warm gemacht wird und in alten Zeiten besonders gerne zum Bockbier gegessen wurde.

Bohnenkaffee:

Bohnenkaffee wird aus Kaffeebohnen gemacht.

Die Kaffeepflanze trägt keine Bohnen, sondern kirschenähnliche Steinfrüchte. Unter der äußeren Schale dieser Beeren befinden sich die abgeflachten, mit einer Furche versehenen Samen, die wir als Kaffeebohnen bezeichnen. Die Frucht der Kaffeepflanze heißt arabisch »bunn«. Dieses Wort ist im Deutschen zu »Bohne« umgedeutet worden. In mehreren europäischen Sprachen heißt die Kaffeebohne aber korrekter »Kaffeebeere«.

Bratwurst:

Die Bratwurst heißt so, weil sie gebraten wird.

Die Bergfee Anna Fritze sprach: »Drei Wünsche dürft ihr tun; drei Wünsche sollen erfüllt werden.« Die Frau: »Wenn wir jetzt nur ein gebratenes Würstlein dazu hätten.« Der Mann: »Wenn dir doch nur die Wurst an der Nase angewachsen wäre.« Zwei Wünsche waren getan und vorüber, und sie waren um keinen Heller, sondern nur um eine böse Bratwurst reicher. (Johann Peter Hebel: »Drei Wünsche«)

Weder die Bratwurst noch der Braten heißen so, weil sie gebraten werden. Beiden liegt das alte »brate« oder »brato« = Fleisch zugrunde, das in Wildbret = Wildfleisch überlebt hat. Landschaftlich wird heute noch feingehacktes Fleisch als Brät bezeichnet. Das Zeitwort braten dagegen kommt von »bratan« = erhitzen, davon abgeleitete Wörter sind z.B. brühen oder brennen.

Brosamen:

Brosamen kommt von »Brot« und »Samen«.

Es ist nicht fein, daß man den Kindern ihr Brot nehme und werfe es vor die Hunde. Sie sprach: Ja, Herr; aber doch essen die Hündelein von den Brosamen, die von ihrer Herren Tisch fallen.

(Matthäus 15, 26/27)

Die Brosamen leiten sich von »brosem« = abgebrochenes Stückchen her. Schon seit über tausend Jahren wird das Wort nur noch in der Mehrzahl gebraucht (auch »Brösel« und »zerbröseln« stammen davon ab); wegen der Lautverwandtschaft mit »Brot« hat sich die Bedeutung dann immer mehr auf »Brotkrümel« verengt.

Bückling:

Der Bückling hat etwas mit dem Bücken zu tun.

Der Bückling ist kein gelenkiger Fisch, der sich oft bückt. Dieser geräucherte Hering hat seinen Namen von dem niederländischen »bucking«. Im Niederländischen heißt der Räucherfisch »boksharing«. »Bück«, »buck« und »bok« beziehen sich auf seinen Geruch, der in seiner Intensität dem eines Bockes ähnelt.

→ Siehe auch **Backfisch** weiter oben im gleichen Kapitel, **Bukkel** im Kapitel *Menschen und Gefühle* und **Bückware** im Kapitel *Geld und Gut*.

Butterkäse:

Butterkäse ist Käse.

Nach einer Entscheidung des Landgerichtes Rosenheim darf der beliebte »Butterkäse 45 % i.Tr.« nicht als Käse in den Handel kommen. Die Richter befanden, dieses Milchprodukt sei löcherig, und Löcher sind laut Käseverordnung bei halbfesten Schnittkäsen verboten.

Dorfkrug: → **Siehe Kapitel Raum und Zeit.**

Einwecken:

Einwecken hat etwas mit »wach« zu tun.

Das als »Einwecken« bekannte Erhitzen und Haltbarmachen von Obst oder Gemüse ist nach dem deutschen Erfinder Johann Weck benannt. Er perfektionierte das Patent von Rudolf Rempel, Nahrungsmittel in Gläsern zu sterilisieren, und erfand ein Gefäß (das Weck-Glas), das es ermöglicht, den Inhalt luftdicht und keimfrei über längere Zeit aufzubewahren.

Eisbein:

Eisbein erinnert an Frost und Eis.

Eisbeine lange aufzubewahren: Lege die Stücke in eine Marinade aus Essig, Senf und Honig. Wenn Du es gebrauchst, wirst Du dich wundern! (Das Apicius-Kochbuch aus der altrömischen Kaiserzeit, übersetzt und bearbeitet von Richard Gollmer)

Das beliebte deutsche Eisbein (»einer der wenigen Klassiker der deutschen Küche, die sich über alle Regionen hinweg auf den Speisezetteln finden« (aus dem Kochbuch »Culinaria«) hat seinen Namen von den »Isbeinen«, den früher so genannten Hüftbeinen der Schweine. Später hat sich diese Bezeichnung dann auf jedwede gepökelten oder gekochten Schweinsfüße oder -beine übertragen.

In Bayern heißt das Eisbein »Surhaxe«, zur besseren Unterscheidung von der Schweinshaxe oder einfach nur Haxe, die im Ofen gebacken wird. Das Eisbein dagegen wird kalt abgespült und in einen großen Topf mit kochendem Wasser gegeben. »Eine Zwiebel mit einem Lorbeerblatt und einigen Pfefferkörnern zu dem Fleisch geben. Bei mäßiger Hitze 90 Minuten kochen. Das Eisbein auf Sauerkraut servieren. Dazu reicht man Kartoffeln und Erbspüree.« (Aus einem Kochkalender)

Enteisent:

Enteisent heißt »ohne Eis«.

»Vom Eise befreit sind Strom und Bäche«, schreibt Goethe im Faust. Mit anderen Worten, sie sind enteisend, die Natur ist durch des Frühlings holden, belebenden Blick enteist.

Auf den Etiketten von Mineralwasserflaschen steht »enteisent«. Das Wasser ist nicht eisfrei, sondern eisenfrei. Das entsprechende Tätigkeitswort heißt »enteisenen« und bedeutet: vom Eisengehalt befreien. Ein seltenes Wort, nicht einmal Goethe hat es gekannt.

Mineralwasser enteisent, mit oder ohne Eis

Erdapfel:

Der Erdapfel hat seinen Namen von den Äpfeln.

Erdäpfel in Montur. (Speisekarte in Wien)

Daß Erdäpfel keine Äpfel, sondern Kartoffeln sind, weiß wohl jeder. Aber daß der so poetisch klingende Name »Erdapfel« vermutlich gar nicht aus »Erde« und »Apfel« zusammengewachsen ist, ist weniger bekannt. Das Wort »Erdapfel« geht vermutlich auf eine landschaftliche Verballhornung des Wortes Kartoffel, die regional »Artoffel« oder »Ertoffel« heißt, zurück. Aus dem letzten Namen ist dann der Erdapfel erwachsen, auch noch – ein weiteres Mal verändert – in einigen Gegenden als »Herdapfel« bekannt.

Erdbeeren:

Erdbeeren sind Beeren.

Erdbeeren gelten sogar als Heilmittel bei verschiedenen Krankheiten, namentlich bei Fieber, Gicht, chronischen Verstopfungen und Hypochondrie. Wie weit das begründet sein mag, wollen wir hier nicht näher untersuchen. (Universal-Lexikon der Kochkunst)

Die Erdbeere ist biologisch gesehen keine Beere, sondern eine sogenannte »Sammelnußfrucht«. Was wir als »Erdbeere« verzehren, ist in Wahrheit eine – zugegeben ungewöhnlich fleischige – Blütenachse, die eigentlichen Früchte der Erdbeerpflanze aber sind die winzigen, auf dieser fleischigen roten Blütenachse angebrachten Nüsse (ähnlich bei Himbeeren und Brombeeren – hier treten an die Stelle der Mini-Nüsse kleine Steinfrüchte, weshalb auch Himbeeren und Brombeeren in der Botanik nicht zu den Beeren, sondern zu den »Sammelsteinfrüchten« zählen).
Mit »Beeren« meint man in der Botanik Früchte, die nur aus fleischigen Schichten bestehende Fruchtschalen haben, wie etwa Stachelbeeren, Hagebutten oder Heidelbeeren, aber auch Kürbisse und Gurken.

Erdnüsse:

Erdnüsse sind Nüsse.

Erdnüsse sind Bohnen, keine Nüsse; sie gehören wie die Erbsen und die Bohnen zu den Hülsenfrüchten, die ihre Samen durch eine elastisch-ledrige Hülse schützen; Nüsse dagegen haben harte Schalen.

Anders als viele glauben, kommen Erdnüsse auch nicht vorzugsweise aus den USA – deren jährliche Ernte von zwei Millionen Tonnen fällt weit hinter die acht Millionen Tonnen aus Indien oder die zehn Millionen Tonnen aus China zurück – und sind auch keine alte amerikanische Knabberspezialität: Erdnüsse dienten in den USA zunächst und ausschließlich als Schweinefutter. Erst um 1880 begann der Zirkusunternehmer Barnum, in den Pausen Erdnüsse in kleinen Tüten auch für Menschen anzubieten. Von da an entdeckten die Amerikaner parallel zur Liebe für den Zirkus auch die Liebe zur Erdnuß.

Fleischpflanzl:

Ein Fleischpflanzl ist eine vegetarische Bulette (Frikadelle).

Fleischpflanzl ist bayerisch für eine ganz normale Frikadelle. Das »Pflanzl« signalisiert hier keine vegetarische Küche, sondern ist aus »Pfanzel« = Pfann-Zelte (»in der Pfanne gebackenes«) entstanden.

Fürst-Pückler-Bombe:

Die Fürst-Pückler-Bombe wurde vom Fürsten Pückler erfunden.

Mit »Fürst-Pückler-Bombe« meint man ein halbgefrorenes Eis. Meistens besteht es aus drei Schichten der Geschmacksrichtungen Schokolade, Erdbeer und Vanille und wird mit Maraschino und Rosenlikör veredelt. Anders als der Name glauben macht, wurde dieser Nachtisch aber nicht von Hermann Fürst von Pückler-Muskau erfunden (1785-1871), der gemeinhin als der Schöpfer gilt.

Der wahre Erfinder hieß Schulz und war Konditor in der Lausitz, wo der Fürst ein Schloß bewohnte. In der richtigen Einschätzung, daß »Schulz-Bombe« schlechter klingt als »Fürst-Pückler-Bombe«, fragte der Konditor den Fürsten, ob er diese

Kreation nach ihm benennen dürfe, und der Fürst war einverstanden; er war dafür bekannt, sich gerne kulinarisch zu verewigen; damals trugen auch Schinken, Kartoffelsorten und Torten seinen Namen.

Gastronom: → **Siehe Kapitel Wirtschaft und Gesellschaft.**

Gulaschsuppe:

Eine Gulaschsuppe ist eine Suppe aus Gulasch.
Ein Gulasch ist schon eine Suppe, »Gulaschsuppe« ist damit »doppelt gemoppelt«, wie die bekannte Flasche Flaschenbier.

Gulasch kommt von »Gulyás« = Schafhirte; für ihre langen Wanderungen schnitten ungarische Hirten früher Rind-, Hammel- oder Schweinefleisch in große Würfel, die sie in einem Eisenkessel bis zum Verdampfen aller Flüssigkeit kochten; dann wurde das Fleisch in der Sonne getrocknet und auf die Reise mitgenommen. Hatte der Schäfer Hunger, nahm er ein paar Stücke, gab Wasser dazu, erhitzte das Ganze, und schon hatte er sein »Gulasch«. Was wir normalerweise mit »Gulasch« meinen, heißt in Ungarn »Pörkölt«.

→ Siehe auch **Lindwurm** im Kapitel *Fauna und Flora* und **Frech wie Oskar** im Kapitel *Menschen und Gefühle.*

Hamburger:

Der Hamburger kommt von »ham« (Schinken).

Die meisten Engländer und Amerikaner, aber auch manche Schnellimbiß-Kunden hierzulande glauben, »Hamburger« käme von Schinken = ham, so wie »Cheeseburger« von cheese = Käse oder »Fishburger« von Fisch.

In Wahrheit hat der Hamburger seinen Namen tatsächlich von der Stadt Hamburg. Ursprünglich ein einfaches Hackfleisch, von russischen Tataren im Deutschland des 14. Jahrhunderts populär gemacht (die Tataren wollten durch das Kleinhacken vor allem das zähe Fleisch der russischen Steppenrinder genießbarer machen; noch heute erinnern wir uns daran mit dem »Beefsteak Tatar«), kam dieses Hackfleisch mit deutschen Auswanderern über Hamburg nach Amerika; dort klemmte man es dann, vermutlich um Besteck zu sparen, nach dem Braten zwischen die zwei Seiten eines aufgeschnittenen Brötchens.

Auf der Weltausstellung in St. Louis 1904 wurde dieses Hackfleischbrötchen als »Hamburg« verkauft. Wenig später kam dann noch die Endung -er dazu, und so heißen diese Hackfleischbrötchen bis auf den heutigen Tag.

Hechtsuppe:

Die Redensart »es zieht wie Hechtsuppe« bezieht sich auf ein Fischgericht.

Sollte man eigentlich denken, auch wenn es schwerfällt, einen starken Luftzug mit Fischen unter einen Hut zu bringen. Und das brauchen wir auch gar nicht, denn die »Hechtsuppe« ist eine rotwelsche Verballhornung der jiddischen Wörter »hech« = wie und »supha« = Sturm. »Es zieht wie Hechtsuppe« heißt also: »Es zieht wie ein Sturm«.

Irish coffee:

Irish coffee stammt aus Irland.

Der als »Irish coffee« bekannte, heiße Trank aus Kaffee, Whisky, Sahne und Zucker war bis weit über die Mitte des 20. Jahrhunderts in Irland völlig unbekannt.

»Irish coffee« wurde quasi in der Luft geboren: Zur Zeit der ersten mit Passagieren beladenen Transatlantikflüge, als es noch keine beheizten Kabinen und wenig Wärmendes auf dem Weg von den USA nach Europa gab, wurde dieses Gemisch den durchgefrorenen Passagieren bei der damals noch nötigen Zwischenlandung angeboten. Und diese Zwischenlandung fand rein zufällig in Irland statt.

Kalbsleberwurst:

Kalbsleberwurst enthält Kalbsleber.

Eine Kalbsleberwurst muß keine Kalbsleber enthalten. Die deutschen »Leitsätze für Fleisch- und Fleischerzeugnisse« verlangen nur, daß ein als »Kalbsleberwurst« deklariertes Nahrungsmittel sogenanntes »grob entsehntes Kalb- oder Jungrindfleisch« enthalten muß; zur Herkunft der Leber, die in der Kalbsleberwurst auch enthalten ist, schreiben diese Leitsätze nichts vor.

Die Bezeichnung »Kalbsleberwurst« meint daher eine Leberwurst, die Kalbfleisch enthält. Woher die Leber stammen muß, ist nicht festgelegt. Und in der Tat enthält Kalbsleberwurst in aller Regel Schweineleber – Kalbsleber schmeckt den meisten Menschen viel zu bitter.

Kasseler Rippespeer:

Kasseler Rippespeer kommt aus Kassel.

Kasseler Rippenspeer oder Rippespeer ist geräuchertes Schweinsrippenfleisch, hat aber mit dem hessischen Kassel vermutlich nichts zu tun. Sein Name geht auf einen Fleischermeister Kassel, Cassel oder Casel aus Berlin zurück, der als erster den bis dahin nur gepökelten Schweinrippenspeer auch geräuchert angeboten haben soll.

Kasserolle: → **Siehe Kapitel Geld und Gut.**

Katerfrühstück:

Ein Katerfrühstück hat etwas mit Katern zu tun.

Gerade eingelegter Fisch wie Matjes ist mit seinem hohen Mineralgehalt und salzigen Geschmack ein ideales Katerfrühstück.

(Südwest Fernsehen)

Der »Kater« war Mitte des 19. Jahrhunderts unter den Studenten der Universität Leipzig ein flapsiger Ausdruck für »Katarrh«; ein »Katerfrühstück« war ein Frühstück nach einem ganz besonderen »Katarrh« – einem, den man sich bei Auerbach im Keller holte: »Obgleich wahrlich! nur der als Mensch erzogen ist, der, wenn Noth an Mann geht, alle vier Jahreszeiten in den vier Tageszeiten mir nichts dir nichts so zu überstehen vermag, daß er weder von einem physischen noch von einem moralischen Catarrh oder Fieber oder etwas dergleichen befallen zu werden befürchten darf.« (Aus einem alten Herkunftswörterbuch)

Die gleiche Geschichte hat auch die Redewendung »einen Kater haben«, sie geht genauso auf den besonderen Katarrh nach Alkoholgenuß zurück, unterstützt von der Bezeichnung »Katzenjammer«, welche diesen Sprung ins Tierreich nochmals leichter machte.

Kloßbrühe:

»Klar wie Kloßbrühe« hat etwas mit Klößen zu tun.

Dann aus der Butter, Mehl und 1/4 Liter der Kloßbrühe eine helle Grundsauce bereiten, die Kapern zugeben und pikant mit Zitronensaft, Salz und Zucker abschmecken. (Aus einer handgeschriebenen Rezeptsammlung)

So lesen wir in einem Rezept für Königsberger Klopse. Aber die Kloßbrühe in dem Spruch »Klar wie Kloßbrühe« hat mit Klößen oder Klopsen nichts zu tun. Diese Kloßbrühe ist eigentlich eine »Klosterbrühe«. Die Klosterbrühe hatte früher durchsichtig und klar zu sein (vermutlich, um der Völlerei vorzubeugen); mit der Brühe, die man beim Zubereiten der Königsberger Klopse erhält, ist sie nicht verwandt.

Kohldampf:

Kohldampf hängt mit Kohl und Dampf zusammen.

Kohldampf ist aus den rotwelschen Wörtern »Kohler« und »Dampf« entstanden; beide heißen »Hunger«, Kohldampf bedeutet also »Hunger-Hunger« (= ganz besonders großer Hunger). Auch das »Kohldampf schieben« bedeutet etwas anderes als viele glauben - das »Schieben« kommt von dem rotwelschen »schefften« = sitzen, liegen, machen, tun.

Kümmelblatt: → **Siehe Kapitel Geld und Gut.**

Leberkäse:

Leberkäse enthält Leber.

Der echte bayerische Leberkäse enthält in aller Regel kein Gramm Leber. Die »Leber« in »Leberkäse« kommt vielleicht von »Laib«, da Leberkäse oft in einer Art Brotform gebacken wird. »Käse« heißt die Fleischspeise, weil sie vom Ausmaß und der Form her einigen Käsesorten ähnelt.

Außerhalb Bayerns enthält Leberkäse grob entsehntes Rindfleisch, sehnenreiches Rindfleisch, Fettgewebe und eine geringe Menge Leber (5 %). Zur besseren Unterscheidung heißt der »echte«, d.h. völlig leberlose Leberkäse daher auch »bayerischer Leberkäse«.

→ Siehe auch **Kalbsleberwurst** im gleichen Kapitel weiter oben.

Lemon sole:

Lemon sole hat ihren Namen von Zitronen.

»Lemon sole« kommt von dem französischen »limande« = Rotzunge (spanisch »mendo limon«, italienisch »sogliola limanda«); damit meint man in englischsprachigen Ländern in der Regel eine Scholle, die der teureren Seezunge (sole) sehr ähnlich sieht. Mit »lemon« = Zitrone hat das nichts zu tun. Nur in Australien meint man mit »lemon sole« einen flachen Fisch von zitronengelber Farbe.

Limburger:

Der Limburger hat seinen Namen von Limburg an der Lahn.

Er hat, ein vaterländisch Gemüt,
Nur Eichelkaffee getrunken,
Franzosen fraß er und Limburger Käs',
Nach letzterm hat er gestunken.

(Heinrich Heine: »Nachlese«)

Richtig ist: Der als »Limburger« bekannte Käse stinkt. Aber er kommt nicht aus Limburg an der Lahn, sondern aus der Provinz Limburg in Belgien. Dort hat ihn wahrscheinlich auch der Held aus Johann Peter Hebels »Kannitverstan« mit gutem Appetit gegessen: »Endlich ging er leichten Herzens mit den anderen wieder fort, verzehrte in einer Herberge, wo man Deutsch verstand, mit gutem Appetit ein Stück Limburger Käse, und wenn es ihm wieder einmal schwerfallen wollte, daß so viele Leute in der Welt so reich seien und er so arm, so dachte er nur an den Herrn Kannitverstan in Amsterdam, an sein großes Haus, an sein reiches Schiff und an sein enges Grab.«

Lungenbraten:

Ein Lungenbraten besteht aus gebratener Lunge.

Könnte man denken, wenn der Metzger (bzw. der Fleischhauer, denn dieses Wort gibt es nur in Österreich) nach hinten in den Kühlraum ruft:

»Ein Schweinslungenbraten für die Gnä' Frau bitte!«
»Aber ich wollte doch nur eine Schweinelende!«
»Ein Schweinslungenbraten für die Gnä' Frau bitte!«
»Aber ich wollte ...« usw.

Derartigen Mißverständnissen unterliegen regelmäßig deutsche Gäste, die sich in unserem Nachbarland im Einkaufen versuchen. Denn in Österreich meint man mit »Lungenbraten« Filetstücke oder Lenden.

→ Siehe auch **Palatschinken** im gleichen Kapitel weiter unten.

Meerrettich:

Der Meerrettich hat etwas mit Meer zu tun.

Der Meerrettich wächst nicht besonders gut am oder gar im Meer. Entweder hat er seinen Namen von seiner Größe, mehr Rettich, oder von der »Mähre« = Pferd. Für letzteres spricht etwa seine englische Bezeichnung »horse raddish« = Pferde-Rettich, die sehr gut zum »Mähren-Rettich« paßt.

Miesmuschel:

Miesmuscheln sind mies.

Die Miesmuschel sieht weder mies aus, noch schmeckt sie so. Ihren Namen hat sie vielmehr von einem regional verbreiteten Ausdruck »Mies« für Moos: Miesmuschel = Moosmuschel (nach den grünen Fäden, mit denen die Muschel sich an feste Unterlagen wie Steine, Holz und Pfähle heftet).

Most:

Der »Most« in der Redewendung »Der weiß, wo der Barthel den Most holt«, bezieht sich auf Traubensaft.

Diese schöne Redewendung für »der kennt alle Tricks« bezieht sich nicht auf eine Person, die über besonders günstige Quellen zum Erwerb von Traubensaft verfügt. »Most« ist hier vielmehr eine Entstellung des rotwelschen »Moos«, das heute noch umgangssprachlich für »Geld« steht.

Der Barthel in obiger Redewendung könnte eine Kurzform von Bartholomäus sein. Wahrscheinlich ist »Barthel« aber an das rotwelsche »barsel« = Brecheisen angelehnt: Der weiß, wo man mit dem Brecheisen an Geld gelangt.

Muckefuck:

Der Muckefuck hat etwas mit Mokka zu tun.

Diese Deutung legt eine Verwandtschaft mit dem französischen »mocca faux« (falscher Kaffee) nahe. Aber sie ist umstritten. Vermutlich ist der Muckefuck von dem mundartlichen »Mucken« = verwestes braunes Holz und »fuck« = faul zu uns gekommen.

Naturjoghurt:

Naturjoghurt ist ein besonders natürlicher Joghurt.

Nein, meint ein bayerisches Gericht, und hat die weitere Verwendung dieser Bezeichnung verboten. Denn Joghurt sei von vornherein natürlich. Ihn mit dem Zusatz »Natur« zu versehen, erwecke den falschen Eindruck, als handele es sich um etwas Besonderes. Und genau das sei die Natur beim Joghurt eben nicht.

Palatschinken:

Palatschinken ist eine österreichische Fleischspeise.

Ich warne Sie, essen Sie nicht zuviel Fleisch. Es gibt noch eine Delikatesse: Schokoladen-Palatschinken.

(Johannes Mario Simmel: »Es muß nicht immer Kaviar sein«)

Das ist schon manchem Ausländer in Österreich passiert: Er hatte Appetit auf ein ordentliches Stück Fleisch und bestellte im Restaurant Palatschinken. Beim Servieren kam die Erkenntnis: Palatschinken sind alles andere als geräucherte oder gekochte Schweinekeulen.

Palatschinken ist die Mehrzahl von Palatschinke, einem dünnen gerollten Pfannkuchen, der mit Marmelade gefüllt ist. Diese Mehlspeise hat ihren Namen aus dem Tschechischen (palacinka) oder Ungarischen (palacsinta), die beide wiederum aus dem lateinischen »placenta« = flacher Kuchen abgeleitet sind.

→ Siehe auch **Lungenbraten** im gleichen Kapitel weiter oben.

Plumpudding:

Ein Plumpudding ist ein Pudding.

Der englische Plumpudding hat, wie auch die anderen englischen Puddings, mit dem deutschen Nachtisch namens »Pudding« nichts zu tun. Ein »black pudding« ist z. B kein Schokoladenpudding, sondern eine Blutwurst, ein »Yorkshire pudding« ist ein heißer Pastetenteig, den man als Beilage zu Fleischgerichten ißt, und der berühmte Plumpudding ist eine Art Christstollen aus Mehl, Nierenfett, Weißbrot, Eiern, Dörrobst, Nüssen sowie Sherry oder Kognak; er ist ein traditionelles Weihnachtsdessert und wird oft mit heißer Vanille- oder Himbeersoße gegessen, manchmal vorher noch flambiert. Am besten soll er einige Wochen nach der Zubereitung schmecken.

Romadur:

Der Romadur-Käse kommt aus der französischen Stadt Romadur.

Einen Ort namens Romadur gibt es in ganz Frankreich nicht. Romadur heißt einfach nur »würziges Aroma« und bezeichnet einen vor allem in den Pyrenäen hergestellten Käse aus Schafs- oder Ziegenmilch.

→ Siehe auch **Limburger** im gleichen Kapitel weiter oben.

Römer:

Das Weinglas namens Römer hat seinen Namen von den Römern.

Und nun trat auch Ring selbst, der sich bis dahin etwas zurückgehalten hatte, mit einer gewissen strahlenden Feierlichkeit in Aktion und begann die vor ihm stehenden Gläser, große geschliffene Römer, in virtuosem Bogensturz zu füllen, ein Einschenkekunststück, das die stets schlagfertige Frau von Padden, die heute leider fehlte, mal als »Ringsche Füllung en cascade« bezeichnet hatte. (Theodor Fontane: »Effi Briest«)

Die »großen geschliffenen Römer« aus Fontanes Roman »Effi Briest« haben dunkle und allenfalls indirekt auf die alten Römer weisende Wurzeln. Eine Erklärung besagt, daß diese heute als Römer bekannten grünen Weingläser ursprünglich aus den auf Neulatein »vitrum Romarium« genannten, wiederverwerteten

Bruchstücken altrömischer Gläser hergestellt worden wären. Aber diese Erklärung hat unter Sprachwissenschaftlern heute nicht mehr viele Freunde. Vermutlich kommt der Römer vom niederländischen »roemen« = loben, preisen: Der Römer war ein Glas zum »Römen«, um Trinksprüche zu Ehren großer Männer auszubringen.

Schönes Wetter:

Wenn man seinen Teller leer ißt, gibt es am nächsten Tag schönes Wetter.

So hat man früher oft gehört: »Iß deinen Teller auf, dann gibt es morgen schönes Wetter«. Aber dieser Spruch entstand aus einem Mißverständnis: Wenn die Landkinder früher traurig-zögerlich die letzten Reste ihres guten Essens auf dem Teller hin- und herschoben, sagte die Mutter zuweilen: Eßt ruhig alles auf, morgen gibt es wieder etwas Schönes – morgen gibt es »Schönes wedder«. Das hat dann ein Besucher aus der Stadt ganz offensichtlich mißverstanden.

Seelachs: → **Siehe Kapitel Fauna und Flora.**

Spanferkel:

Spanferkel haben ihren Namen von den Holzspänen, über denen sie gebraten werden.

Das junge Schwein heißt, so lange es noch saugt, Spanferkel und gilt als besonderer Leckerbissen. (Universal-Lexikon der Kochkunst)

Der »Span« in »Spanferkel« meint die Zitze einer Muttersau; »spänen« ist ein anderes Wort für säugen. Werden Ferkel im Alter von drei Monaten geschlachtet, saugen sie noch am Span. Zuweilen werden Spanferkel deshalb auch Milchschweine genannt.

Spickaal:

Spickaale werden gespickt.

Spickaale werden nicht eigens gespickt, d.h. mit Speckstreifen durchzogen, denn Aale sind schon von Natur aus fett. Ihren Namen haben die Spickaale vielmehr von dem niederdeutschen »spik« = geräuchert. Ein Spickaal ist also nur ein anderes Wort für Räucheraal.

Auch die bekannten Gänsespickbrüste haben ihren Namen nicht vom Speck, sondern vom Räuchern.

Waldmeister:

Waldmeister kommt von Wald und Meister.

Gut denn. Also Maikräuter. Und nicht lange ziehen lassen. Waldmeister ist nicht Kamillentee. Der Mosel wird langsam über die Büschel gegossen; das genügt. (Theodor Fontane: »Schach von Wuthenow«)

Eine Erklärung besagt, der Waldmeister, so wie ihn schon Herr von Wuthenow und seine Freunde zum Würzen der Bowle verwandten, sei eine Umwandlung von »Waldmiere«, der nach einer Miere genannten, zu den Nelkengewächsen gehörenden Pflanze. Eine andere Erklärung bezieht sich auf die lateinische Bezeichnung »herba Walteri Magistri« = Kraut des Magisters Walter. Ein Arzt namens Walter hat sich im Mittelalter ausführlich mit der Pflanze beschäftigt, der früher heilende Kräfte nachgesagt wurden. Demnach hätte also entweder der »Wald« oder der »Meister« in unserem Waldmeister eine andere Herkunft, als die meisten glauben.

Weichselkirsche:

Weichselkirschen haben ihren Namen von dem Fluß Weichsel.

Weichselkirschen wachsen vielleicht an der Weichsel, haben aber ihren Namen von dem alten »wihsel« = Kirsche. In manchen Gegenden heißt diese Sauerkirschenart daher auch noch heute kurz und einfach Weichsel.

Weißbrot:

Weißbrot kommt von »weißem Brot«.

So meinte Goethe, wenn er in seiner »Campagne in Frankreich« schreibt: »Weiß und schwarz Brot ist eigentlich das Schibboleth, das Feldgeschrei zwischen Deutschen und Franzosen.« In Wahrheit hat das Weißbrot seinen Namen aber nicht von seiner Farbe, sondern von dem Getreide, aus dem man es bäckt: »Wizbrot« = Weizenbrot.

Wiener Würstchen:

Wiener Würstchen stammen aus Wien.

Es entstand dabei die herkömmliche Verlegenheitspause: Niemand wußte was zu sagen, bis die Baronin auf den Stamm einer ihr ge

genüberstehenden Ulme wies, drauf »Wiener Würstel« und daneben in noch dickeren Buchstaben das gefällige Wort »Löwenbräu« stand.
(Theodor Fontane: »Der Stechlin«)

Als Fontane diese Zeilen schrieb, waren die Wiener Würstchen (Rind- und Schweinefleisch, Gewürze, Speck) schon fast hundert Jahre alt. Aber korrekterweise hätte Fontane von »Frankfurter Würstchen« sprechen sollen. Denn dort in Frankfurt lernte sie Ende des 18. Jahrhunderts der Metzgerlehrling Johann Georg Lahner kennen (ein Bauernsohn aus Gasseldorf in der fränkischen Schweiz), der später nach Wien übersiedelte, dort nach einem Umweg über einen Handlangerposten beim kaiserlichen Münzamt eine »Selcherei« eröffnete und den von guten Wurstwaren bis dato nicht gerade verwöhnten Wienern seine in Frankfurt komponierte Wurst verkaufte (er selbst sagte »Wiener-Frankfurter« dazu).

»Ich schreibe keine Reklamen«, lesen wir bei dem Wiener Sittenschilderer Friedrich Schlögl, »sondern will nur eines Namens gedenken, der einer verschollenen Firma angehört, die ehemals die Zierde des Selcherei-Metiers war und in ihren Erzeugnissen den Ruhm Wiens weit über die Gemarken des Reiches trug. Ich meine den größten Wurstkünstler jener Zeit, den braven und biederen Johann Lahner an der Ecke der Altlerchenfleder Hauptstraße im Haus Nummer 56, der in der Tat delikate Würstchen fabrizierte und dessen Name in Wien so populär war, wie etwa Goethes Name in Weimar.« Wer heute in Wien ein Paar Wiener Würstchen verzehren möchte, muß »Frankfurter« verlangen.

→ Siehe auch **Kasseler Rippespeer** oder **Berliner** im gleichen Kapitel weiter oben.

Zervelatwurst:

Zervelatwurst wird aus Hirn gemacht.

Schmalhans ist Küchenmeister, deshalb denn auch eine echte jenaische Cervelatwurst sehr angenehm sein würde.

(Goethe: »Brief an J.G.P. Götze«)

Die Zervelatwurst hat ihren Namen von italienisch »cervellata«, was eigentlich Hirnwurst heißt (cervello = Gehirn). Hirn oder, wie man in Norddeutschland sagt, Bregen ist heute aber in keiner Zervelatwurst mehr enthalten. Sie besteht meist aus Schweine- und Rindfleisch. Auch die Hannoversche Bregenwurst, die in Norddeutschland im Winter gern mit Braunkohl gegessen wird, ist in aller Regel ohne Bregen oder Hirn zubereitet.

2. Kapitel: Menschen und Gefühle

Die Menschen glauben, daß ihr Geist dem Worte gebiete;
aber oft kehren die Worte ihre Kraft gegen den Geist um.
Francis Bacon

Affenschande:

Die Affenschande hat etwas mit Affen zu tun.

Angetan mit rost'gen Waffen
Seh' ich einen fahlen Affen,
Schielen eine Affenschande:
Bruderneid im Vaterlande!
(Gottfried Keller: »Nacht im Zeughaus«)

Die hier von Gottfried Keller beklagte »Affenschande« kommt vermutlich gar nicht von den Affen, ob fahl, schmal oder kahl, sondern aus dem Niederdeutschen »aapen schann« = offene Schande. Wenn die Apothekerstochter sonntags nach der Kirche mit dem Försterlehrling schmuste, war das eine »aapen schann«.

Der Übergang zum Affen kam wohl durch das niederländisch-mundartliche »aap« zustande (Zeitgenossen der Autoren dieses Buches erinnern sich noch an den Kölner Boxer Peter Müller, genannt »de Aap«).

→ Siehe auch **Maulaffe** im gleichen Kapitel, **Bulle** im Kapitel *Wirtschaft und Gesellschaft* und **Schwein** im Kapitel F*auna und Flora.*

Alptraum:

Alpträume lasten wie ein Gebirge auf der Seele.

Ein Alp ist ein Kobold, der sich dem Schläfer nachts auf die Brust setzt und beklemmende Gefühle auslöst, wie der aus den germanischen Sagen bekannte Zwergenkönig Alberich. Literarisch wurde der Alp u. a. von Shakespeare und C.M. Wieland in der französischen Form »Oberon« verarbeitet.

Das Wort Alp ist mit der deutschen »Elfe« verwandt. Christian Morgenstern hat diesem Alp ein Gedicht gewidmet. Die zarte Elfe wird bei ihm zum mächtigen Elf: »Der Zwölf-Elf senkt die linke Hand: Und wieder schläft das ganze Land.«

anschnauzen:

Anschnauzen kommt von Schnauze.

Anschnauzen kommt von »anschnauben« und dessen alter Steigerung »anschnaubezzen« = besonders laut ansprechen. Auch wenn dabei der eine oder andere Laut durch die Nase entweichen sollte: Anschnauzen selber hat mit unserer Nase = Schnauze nichts zu tun.

Ast:

Der Ast in »sich einen Ast lachen« hat etwas mit einem Ast zu tun.

Der »Ast« in »sich einen Ast lachen« ist ein Buckel: Wer sich einen Ast lacht, krümmt sich so sehr vor Lachen, daß er einen Buckel bekommt. Das alte Wort »Ast« für Buckel bedeutete früher auch Knorren oder Auswuchs, so wie er auch oft an Bäumen anzutreffen war.

aufgedonnert:

Aufgedonnert kommt von Donner.

... und im Rahmen erscheint Frau Babette Bonholzer. Sie ist nach der letzten Dornsteiner Mode aufgedonnert.

(Ludwig Thoma: »Die kleinen Verwandten«)

Für das »aufgedonnert« in »Ist die aber aufgedonnert!« gibt es mehrere Erklärungen: Die einen vermuten, daß die Wendung auf das italienische Wort »donna« (Dame) zurückgeht, danach hieße aufgedonnert ursprünglich: wie eine Dame gekleidet sein.

Andere erklären sich die Entstehung der Wendung metaphorisch. Donner könnte hier im Sinn von Theaterdonner verstanden werden und etwas bezeichnen, das im Augenblick starken Eindruck macht, aber letztlich ohne Auswirkungen bleibt. Wieder andere meinen, es hieße aufgedonnert, weil früher donnerstags in vielen Gegenden Deutschlands ganztägig oder nachmittags schulfrei war und man sich dann in Schale warf.

→ Siehe auch **dämlich** im gleichen Kapitel weiter unten.

Backfisch: → **Siehe Kapitel Essen und Trinken.**

Bär:

Einen »Bären aufbinden« hat etwas mit Bären zu tun.

Jemandem »einen Bären aufbinden« heißt vermutlich, »jemandem eine Last aufbürden«, von dem niederdeutschen Wort für Traglast – »bar«, das auch in gebären steckt. Bleibt immer noch die Frage, was Traglast mit Lügen zu tun hat. Der Vergleich scheint aber durchaus verbreitet. Schließlich hat der Belogene auch nach einem anderen Sprichwort schwer zu schleppen: jemandem die Hucke voll lügen.

Die Redewendung könnte aber auch aus der Jägersprache kommen. Einen Bären zu fesseln galt unter Jägern als besondere Heldentat. Damit rühmten sich die Jäger, wenn sie jemandem eine Jagdgeschichte aufbinden wollten. So heißt es im »Simplicius Simplicissimus« von Grimmelshausen: »daß ich ihnen, wenn ich nur aufschneiden wollen, seltsame Bären hätte anbinden können«.

Anbinden wurde später zu aufbinden.

Bauchgrimmen:

Beim Bauchgrimmen grimmt der Bauch.

So könnte man meinen, aber das Grimmen in Bauchgrimmen kommt nicht von Grimm im Sinn von Zorn und Wut, sondern von dem alten deutschen »krimman« = mit gekrümmten Klauen packen, aus dem auch »krumm« und »Krampf« hervorgegangen sind. Eigentlich ist das Bauchgrimmen also ein Bauchkrümmen, das ja auch einen Magenkrampf mindestens genauso anschaulich beschreibt wie ein Bauch, der wütend ist.

Bauchredner:

Ein Bauchredner redet mit dem Bauch.

Ein Bauchredner redet ganz normal. Durch das Zusammenziehen der Gaumenbögen, das Zurückziehen der Zunge und durch das Verengen des Kehlkopfeinganges kann er aber so die Resonanz der Stimme mindern, daß der Mund sich nicht bewegt und seine Stimme aus dem Bauch zu kommen scheint. Bauchredner gab es schon im alten Griechenland. Sie waren dort geschätzt als

Zukunftsdeuter – ihr griechischer Name »Engastrimanten« bedeutet Bauchwahrsager.

Bausch und Bogen:

Bausch und Bogen hat etwas mit dem Aussehen von Rittern zu tun.

Der Bausch, der hat den Bogen
an dessen Ding gezogen.
Da lispelte der: »Bausch,
hör schofort damig ausch!«
(Robert Gernhardt: »Gedichte«)

Bausch und Bogen sind keine mittelalterlichen Schmuck- oder Bekleidungsstücke. Die Wendung stammt vielmehr aus der Rechtssprache älterer Zeiten. Grundstücke wurden einst in »Bausch und Bogen« verkauft, d. h. ohne Abweichungen vom tatsächlichen Grenzverlauf. Wich die Begrenzungslinie nach außen ab, wurde diese Ausbuchtung als Bausch bezeichnet, die Delle nach innen war der Bogen. Das Wort Bausch bedeutet auch »Wulst« oder »locker Zusammengeknülltes« (»Wattebausch«). Sehr lebendig ist es noch in »aufbauschen« = etwas aufblasen oder übertreiben.

belemmert:

Belemmert hat etwas mit Lämmern zu tun.

»Bruno und Bruno, das sind Bruno Tiefenauer, der Schlaue, und Bruno Hollenstein, der Dumme. Die beiden Zürcher machen eigentlich ziemlich konventionelles Zweimann-Cabaret. Der eine ist der ewige Besserwisser, der mit trockenem Humor die Welt und seinen

Kameraden kommentiert. Der andere, meist (etwas diskriminierend) mit einem körperlichen Gebrechen irgendeiner Art behaftet, schaut ziemlich belämmert drein und versteht genau gar nichts um sich herum.« (Aus einer Theaterkritik)

Die genaue Herkunft von »belemmert« ist umstritten; viele glauben, sie hinge mit Lämmern zusammen, weil ein belämmerter Gesichtsausdruck an diese Tiere denken läßt. In der neuen Rechtschreibung wird das Wort daher »belämmert« geschrieben.

Trotzdem hat »belemmert« mit »Lamm« sicher nichts zu tun. Einige meinen, es sei aus dem hebräischen »b'li emor« = sprachlos über das Jiddische ins Deutsche gekommen, andere halten die Herkunft von dem niederländischen »belemmern« = verhindern, hemmen für wahrscheinlicher, wieder andere sehen die Wurzel in dem ebenfalls niederländischen »Lammel« = beschmutzter Rocksaum.

→ Siehe auch **Schwein** im Kapitel *Fauna und Flora.*

Binsenweisheit: → **Siehe Kapitel Fauna und Flora.**

Bockshorn:

»Ins Bockshorn jagen« hat etwas mit den Hörnern von Böcken zu tun.

Sich nicht ins Bockshorn jagen zu lassen meint, sich nicht bange machen oder sich nicht täuschen zu lassen. Mit dem Horn des Ziegenbocks hat die Redewendung nichts zu tun, darüber sind sich die Gelehrten einig. Was aber das Bockshorn wirklich bedeutet, darüber grübeln sie noch. Eine Deutung bringt das Bockshornklee ins Spiel. Diese Heil- und Gewürzpflanze, mittelhochdeutsch »bokishorn«, bringt Fruchthülsen hervor, die von ihrer Form und ihrer paarweisen Anordnung her an die Hörner von Böcken erinnern. Ein anderer Versuch bringt das »Bockshorn« mit einem alten Rechtsbrauch in Verbindung. Beim »Haberfeldtreiben«, einer Art der Selbstjustiz, wurden die Schuldigen in ein Ziegenfell, das »Bockshemd« (bokkes hamo), gesteckt und umhergetrieben. Wer gegen geltende Regeln der Moral oder des Brauchtums verstoßen hatte, wurde so gepeinigt. »Horn« wäre in diesem Falle eine Umdeutung von »hamo«.

→ Siehe auch **Affenschande** und **Fersengeld** im gleichen Kapitel.

bombastisch:

Bombastisch ist verwandt mit Bombe.

Das Beiwort bombastisch ist über das Hauptwort »Bombast« = Schwulst oder Redeschwall in unseren Wortschatz aufgenommen worden, das selbst wiederum im 18. Jahrhundert über das Gleichgeschriebene und das gleiche Meinende englische »bombast« zu uns gekommen ist. (»Speech too pompous for an occasion«, wie »Webster's Encyclopedic Unabridged Dictionary of the English Language« uns belehrt.)

Die Bombe dagegen geht auf das lateinische »bombus« = dumpfes Geräusch zurück, und hat sich über die gleichgeschriebene französische »bombe« in der deutschen Sprache eingenistet.

Buckel:

Der Buckel kommt vom Bücken.

»Einen Buckel«, sagte er, »einen Buckel hat der Mensch; aber wo ihm der Buckel sitzt, das weiß der Teufel!«

(E T.A. Hoffmann: »Des Vetters Eckfenster«)

Das Wort »Buckel« ist aus dem lateinischen »buccula« = Bäckchen, kleine Backe per Umweg über das französische »boucle« in die deutsche Sprache eingewandert. Damit sind verschiedene Formen von Erhebungen gemeint, u. a. auch der krumme Rükken, der medizinisch vielleicht durch allzu häufiges Bücken entstehen mag, aber sprachlich mit »bücken« nicht zusammenhängt.

→ Siehe auch **Bückling** im Kapitel *Essen und Trinken*.

dämlich:

Dämlich kommt von Dame.

Wer nämlich mit h schreibt, ist dämlich.

(Volkstümliche Rechtschreibregel)

Dieser alte Schülerreim bezieht sich weniger auf Damen = Frauen von gesellschaftlichem Ansehen (obwohl natürlich auch Damen dämlich sein können); das darin enthaltene »dämlich« kommt von dem niederdeutschen »dämeln« = nicht recht bei Trost sein, so wie es heute noch in »Dämlack« weiterlebt.

Duckmäuser:

Duckmäuser ducken sich.

Mein Vater war ein trockner Taps,
Ein nüchterner Duckmäuser,
Ich aber trinke meinen Schnaps
Und bin ein großer Kaiser.

(Heinrich Heine: »Neue Gedichte«)

Die wollen ja offenbar nur noch angepaßte FachidiotInnen und Duckmäuser an den Hochschulen.

(Flugblatt des Asta der Universität-GSH Kassel)

Ein Duckmäuser ist ein Leisetreter; er hat seinen Namen von dem alten »tocken« = verbergen und »musen« = Mäuse fangen, listig sein, betrügen. Früher hießen Duckmäuser deshalb »Dokkelmuser«.

dufte:

Dufte kommt von Duft.

Der Berliner Ausdruck »dufte« für »aufregend, toll« (»dufte Biene«) kommt aus dem hebräischen »tow«; das bedeutet »gut« und »fein« und ist wie viele deutsche Wörter über das Jiddische in unsere Sprache eingegangen. Andere jiddische Wörter oder Redewendungen, deren Herkunft die meisten heute nicht mehr kennen, sind »Pleite«, »Macke«, »mies« und »Kaff« (aus den jiddischen bzw. hebräischen Wörtern »pleitje« für »Flucht«, »maka« für »Hieb« oder »Schlag«, »miuss« für »häßlich« und »kafr« für »Dorf«. Auch die Wörter »Kies« und »Moos« für finanziellen

Reichtum stammen aus dem Jiddischen, sie leiten sich ab aus »kiss« für »Geldbeutel« und »moess« für »Geld«.

→ Siehe auch **Nassauer** im gleichen Kapitel weiter unten.

Ei der Daus:

Daus in »Ei der Daus« kommt von Tausend.

Pantoffeln, - Schlafrock, - alles recht!
Sie horcht aufs neu; doch hört sie schlecht,
Es schwirrt ihr vor den Ohren.
»Wie? hat's geklingelt? ei der Daus,
Zum zweiten Male! schnell hinaus!«
Da tritt der Pfarrer schon ins Haus,
Ganz blau und steif gefroren.

(Annette v. Droste-Hülshoff: »Des alten Pfarrers Woche«)

Es ist in der Tat nicht ausgeschlossen, daß der Daus in diesem Gedicht von Annette von Droste-Hülshoff eine norddeutsche Variante von Tausend (dusend) ist. »Ei der Tausend, Paul Talkebarth! Wo kommst Du daher des Weges?« ruft in E. T. A. Hoffmanns »Elementargeist« der Reitknecht des Titelhelden aus, als der einen alten Freund bemerkt.

Vermutlich ist Daus aber aus den zwei Augen beim Würfelspielen abgeleitet (von französisch deux). »Ach du liebes bißchen, eine Zwei!« Je nach Würfelspiel konnte die Zwei etwas sehr Gutes oder auch etwas sehr Schlechtes bedeuten; auf jeden Fall war sie selten (die Augensumme 2 beim zweimaligen Würfeln hat die Wahrscheinlichkeit 1/36, verglichen etwa mit der Wahrscheinlichkeit 5/36 für die Augensumme 6).

Ob aber aus »deux« oder aus »tausend« abgeleitet: Auf jeden Fall steht »Daus« verhüllend für den Teufel, den man früher, aus Angst, er möchte vielleicht selbst erscheinen, lieber nicht mit Namen nannte.

Eifersucht:

Eifersüchtige sind besonders eifrig.

O Eifersucht, Eifersucht, du Leidenschaft, die mit Eifer sucht, was Leiden schafft. (Herrmann Kurz)

Der Eifer in der Eifersucht kommt von dem alten »eivari« = Bitterkeit, Erbitterung. »Eifersucht« ist damit ganz einfach die Bitterkeit des vermeintlich oder tatsächlich betrogenen Partners. Dieser »Eifer« hat aber im Lauf der Jahrhunderte einen Wandel erfahren und heute eine eher positive Bedeutung angenommen. Nur in der Eifersucht hat der Eifer seinen ursprünglichen, eher negativen Gehalt bewahrt.

Einfaltspinsel:

Ein Einfaltspinsel ist ein einfältiger Maler.

Schulte gehört zu jener Kategorie bürokratischer Einfaltspinsel, die nicht in der Lage sind, die Konsequenzen ihres Handelns auch nur einen einzigen Tag vorauszusehen. (»Die neue Arbeiterpresse« vom 29. Mai 1997 über den Vorsitzenden des DGB)

Ein Einfaltspinsel ist ein einfältiger Schuster. Der »Pinsel« (früher: pinsule) im Einfaltspinsel war einst eine herabwürdigende Bezeichnung für einen Schuster, entstanden aus »Pinne« = Nagel und »Säule« = Ahle, das Wort stand auch ganz allgemein für einen Knauser.

Der Pinsel als Malerwerkzeug dagegen stammt aus dem lateinischen »penicellus« = Bürste.

→ Siehe auch **dämlich** im gleichen Kapitel weiter oben.

einseifen:

Einseifen hat etwas mit Seife zu tun.

Das »seifen« im Einseifen kommt aus dem rotwelschen »beseiwelen« = betrügen, das wiederum aus dem jiddischen »sewel« = Mist, Kot, Dreck entstanden ist. »Jemanden einseifen« heißt also: jemanden betrügen, jemanden mit Mist bewerfen.

ergötzen:

Ergötzen ist verwandt mit Gott und Götze.

Und wenn's die Götter nicht gewähren,
So acht auf eines Freundes Lehren
Und rufe selbst das Unglück her,
Und was von allen deinen Schätzen
Dein Herz am höchsten mag ergötzen,
das nimm und wirfs in dieses Meer.

(Schiller: »Der Ring des Polykrates«)

Könnte man meinen: Wer sich ergötzt, dem geht es gut wie einem Götzen, oder: Wer sich ergötzt, der rennt einem Götzen nach, usw.: »Wenn meine Freude über sein Meisterstück mich ihn selbst übersehen macht, Vater, muß das Gott nicht ergötzen?« (Friedrich Schiller: Kabale und Liebe)

In Wahrheit kommt ergötzen aber von »ergetzen« = vergessen machen. Wer sich ergetzt, vergißt (und zwar Kummer und Sorgen) und hat danach gute Laune.

Der Götze dagegen ist im 15. Jahrhundert aus dem guten alten Gott entstanden.

Erlkönig:

Der Erlkönig hat etwas mit Erlen zu tun.

Wer reitet so spät durch Nacht und Wind?
Es ist der Vater mit seinem Kind;
Er hat den Knaben wohl in dem Arm,
Er faßt ihn sicher, er hält ihn warm.

Mein Sohn, was birgst du so bang dein Gesicht? –
Siehst, Vater, du den Erlkönig nicht?
Den Erlenkönig mit Kron' und Schweif?
Mein Sohn; es ist ein Nebelstreif. –
(Goethe: »Erlkönig«)

Der Erlkönig ist kein Erlenkönig, wie der Sohn in Goethes Gedicht und die Franzosen glauben (Erlkönig = Roi des Aulnes). Er ist ein Elfenkönig, »der Beherrscher der zarten, luftigen Wesen, welche man Elfen nennt; er ist erwachsenen Menschen nicht leicht gefährlich, doch Christenkinder, bevor sie getauft sind, raubt er häufig, nicht in böser Absicht, sondern weil er Freude an ihnen hat und weil die Elfen sich überhaupt gerne mit Menschen verbinden. Er wird abgebildet als ungewöhnlich großer, bärtiger Mann, mit glänzender Krone und langem, schleppendem Gewand.« (Dr. Vollmer's Wörterbuch der Mythologie aller Völker. Stuttgart 1874)

Über den dänischen »Ellerkonge« ist der Erlkönig in die deutsche und internationale Dichtung eingegangen.

Erzengel:

Erzengel sind erzene Engel.

Das Erz in Erzengel geht auf das altgriechische Wort »archä« zurück, das Anfang, Anführung, oberste Leitung bedeutet. Die Erzengel wie Gabriel, Michael und Raphael sind in der Bibel die ranghöchsten, die der Engelschar ihrer Bedeutung wegen vorangehen.

Federfuchser:

Der Federfuchser hat etwas mit einem Fuchs zu tun.

Soviel will ich ihm lassen, das versteht er, oder mit andern Worten, er ist ein Federfuchser. Aber nicht die Federfuchser haben Preußen groß gemacht. War der bei Fehrbellin ein Federfuchser?

(Fontane: »Irrungen, Wirrungen«)

Der Fuchs in Fontanes Federfuchser kommt von »fuchsen« = sich ärgern. Das Wort stammt aus der gleichen Wortfamilie wie »fucken« – unruhig hin- und herfahren und ist anders als »Fuchs« in jedem Fall abwertend gemeint.

→ Siehe auch **Amtsschimmel** im Kapitel *Wirtschaft und Gesellschaft.*

Fersengeld:

Fersengeld kommt von Ferse.

Die Poesie muß hier mit Armut leben;
Sing' ich Sonette euch auch noch so nette:
Ihr werdet nimmer Speise mir und Bette,
Statt Geld für Verse Fersengeld nur geben.
(Clemens Brentano: »Abends am 27. Oktober 1817«)

Wer Fersengeld gibt, zeigt anderen die Ferse. Ursprünglich kommt diese Redewendung aber nicht vom Weglaufen, sondern von der »Färse« = junge Kuh. Der mittelalterliche »Sachsenspiegel« z.B. meint mit »versen penninge« die Abgabe, die ein abtrünniger Ehegatte bei der Ehescheidung leisten mußte. »Fersengeld geben« bedeutete damit also: »Sich von seiner Frau gütlich trennen.« (Ob Clemens Brentano auch an diese Bedeutung dachte, als er obigen Zeilen dichtete, ist nicht überliefert.)

→ Siehe auch **Bockshorn** im gleichen Kapitel weiter oben.

Frech wie Oskar:

Frech wie Oskar bezieht sich auf einen Menschen namens Oskar.

Der Oskar in »frech wie Oskar« stammt von dem jiddischen »ossoker« = freche Person. Ein frecher Oskar ist daher »doppelt gemoppelt« wie ein weißer Schimmel; gemeint ist ein frecher Frecher.

→ Siehe auch **klammheimlich** im gleichen Kapitel weiter unten, **Lindwurm** im Kapitel *Fauna und Flora* oder **Gulaschsuppe** im Kapitel *Essen und Trinken* – in allen Fällen wird das Gemeinte auf zweifache Weise ausgedrückt.

Gassenhauer:

Ein Gassenhauer wird den Leuten auf der Straße um die Ohren gehauen.

Friedrich legte den Brief still wieder zusammen. Unwillkürlich summte ihm der Gassenhauer: »Freut euch des Lebens« usw., den Leontin gewöhnlich abzuleiern pflegte, wenn seine Schwester etwas nach ihrer Art Wichtiges vorbrachte, durch den Kopf.

(Joseph v. Eichendorff: »Ahnung und Gegenwart«)

Ein Gassenhauer heißt so, weil er von Leuten gesungen wird, während sie »über die Gassen hauen«, was altmodisch und manchmal noch mundartlich bedeutet »durch die Gassen schlendern«. Der »Gassenhauer« taucht in dieser Bedeutung das erstemal im 16. Jahrhundert auf.

geruhen:

Geruhen ist verwandt mit der Ruhe.

Man könnte denken: Der Fürst geruht zu empfangen, d.h. der Fürst hat jetzt Zeit und Muße, sich mit den läppischen Wehwehchen seiner Untertanen abzugeben.

In Wahrheit kommt »geruhen« aber von dem alten »geruochen« = gewähren, Rücksicht nehmen. »Der Fürst geruht zu empfangen« heißt also nur: Der Fürst gewährt einen Empfang. Daß er gerade dabei auch seine Ruhe findet, ist eher unwahrscheinlich.

Good Bye: → **Siehe Kapitel Wirtschaft und Gesellschaft.**

grottenhäßlich:

Grottenhäßlich hat etwas mit einer Grotte zu tun.

Vielleicht sind manche Grotten wirklich häßlich; andere, wie die blaue Grotte in Capri, gelten dagegen als besonders malerisch und romantisch. Die »Grotte« in »grottenhäßlich« jedenfalls kommt aus dem Schwäbischen. »Krott« bedeutet in diesem Dialekt »Kröte«. Der am Bodensee geborene Martin Walser hat 1964 ein Drama veröffentlicht mit dem Titel »Überlebensgroß Herr Krott«. Herr Krott ist zwar keine Kröte, aber ein grottenhäßlicher Zeitgenosse.

Es ist aber auch denkbar, daß das »grott« in Wörtern wie grottendoof, grottenfalsch oder eben grottenhäßlich vom niederdeutschen »grott« oder »grottig« = verrottet, morsch herkommt.

Grütze:

»Keine Grütze im Kopf« hat etwas mit Körnerbrei zu tun.

Der Körnerbrei namens Grütze und die Grütze, die man im Kopf hat (oder auch nicht), haben miteinander nichts zu tun. Die Grütze im Kopf kommt von dem alten »kritz« = Verstand, und die Grütze auf dem Teller kommt von »gruzzi« = Grobgemahlenes – der gleichen Wurzel, der auch unser Gries entstammt.

→ Siehe auch **dämlich** im gleichen Kapitel weiter oben.

Guten Rutsch: → **Siehe Kapitel Wirtschaft und Gesellschaft.**

Hagestolz:

Das »stolz« in Hagestolz steht für einen hochmütigen Junggesellen.

Doch kommt die böse Zeit heran,
Und sich als Hagestolz allein zum Grab zu schleifen,
Das hat noch keinem wohlgetan.

(Goethe: »Faust in ursprünglicher Gestalt«)

Das heute veraltende Wort »Hagestolz« steht für einen in Ehren alt gewordenen Junggesellen; man denkt dabei an strenge, etwas hochnäsige Herren, zu stolz, um auf die alten Tage noch den Frauen hinterherzulaufen, so wie der Titelheld in Adalbert Stifters Novelle »Der Hagestolz«:

»Ihr habt gesagt, daß euch zu meinem Unterhalte ein Geld angewiesen worden sei, das Ihr alle Jahre empfangen solltet. – Und ferner habt Ihr gesagt, daß Ihr das Geld für mich auf Zinsen angelegt, und allemal auch die Zinsen dazu gethan habt.« »Nun seht, Mutter, da sagt mir mein Gewissen, daß es nicht recht sei, wenn ich das Geld von Euch annehme, weil es mir nicht gebührt – und da bin ich gekommen, um es Euch vorher lieber im Guten zu sagen, als daß ich nachher das Geld ausschlüge und Euch erzürnte. – Seid Ihr böse?«

Diese von Stifter und vielen anderen in das Wort hineingelegte Deutung – zu stolz, um Almosen oder gute Werke zu empfangen – stimmt mit der Herkunft des Wortes nicht überein. Ursprünglich meinte man mit »Hagestolz« einen armen Hagbesitzer (althochdeutsch: »hagustalt«, von germanisch »hagu-stalda«), den Besitzer eines bäuerlichen Nebengutes. In der Regel waren das jüngere Bauernsöhne, da der älteste Sohn das Hauptgut erbte. Da diese »Hagen« kaum etwas einbrachten, konnten ihre Besitzer keinen Hausstand gründen und blieben ganz gegen ihren Willen Junggesellen.

Das »stalt« = Besitzer wurde schon früh zu »stolz«, auch dann, wenn das Besitztum keinen Anlaß gab, die Nase ungewöhnlich hoch zu tragen.

Ganz ungebräuchlich ist die Verwendung des Wortes »Hagestolz« gegenwärtig noch nicht. Der »Spiegel« berichtete im September 2000 über die Hochzeitsfeier des britischen Schatzkanzlers Gordon Brown: »Die Bekehrung des häufig verbiestert dreinschauenden Hagestolzes blieb allerdings der einzige Anlaß zu feiern. Sonst haben Blair, Brown und die gesamte Labour Party wenig Grund zur Freude.«

hanebüchen:

Hanebüchen hat etwas mit Hähnen oder Büchern zu tun.

Sprachlich gibt es wenig Anlaß, sich über eine hanebüchene Frechheit aufzuregen. Das Wort geht auf das alte hagenbuechin = aus Hagenbuchenholz bestehend zurück. Hagebuchenholz ist besonders knorrig, und über knorrig, derb, und klotzig hat das Wort »hanebüchen« dann seine heutige Bedeutung »unverschämt« erhalten.

Hals- und Beinbruch:

Hals- und Beinbruch hat etwas mit Hals und Bein zu tun.

»Das Berufen, Bereden oder Beschreien eines Glücksumstandes gilt für Abergläubische auch heute noch als gefährlich«, schreibt etwa Helmut Hiller im »Lexikon des Aberglaubens«. »Die Flieger wünschen sich gegenseitig ›Hals- und Beinbruch‹, um nicht durch einen förmlichen Glückswunsch das Glück zu beschreien und damit zu vertreiben.«

In Wahrheit kommt »Hals- und Beinbruch« aus dem jiddischen »hazloche und broche« = »Glück und Segen«; es steht also tatsächlich für einen Glückwunsch und nicht für dessen Gegenteil.

→ Siehe auch **Guter Rutsch** im Kapitel *Wirtschaft und Gesellschaft.*

hänseln:

Hänseln kommt von Hans.

Könnte man meinen, wenn man an »Hanswurst« denkt: jemanden zum Hanswurst machen.

In Wahrheit war »hänseln« früher so etwas wie heute die Verleihung des Bundesverdienstkreuzes: jemanden mit allen Ehren in die Hanse aufnehmen: »Der gute Heinrich hatte aber wieder einen Vorwand, seine frohe Miene zu erneuern. Er tröstete die Advokatin mit den Sprüchen: der Schmerz sei hinieden nichts mehr als ein höheres Hänseln oder die Ohrfeige oder der Schwertschlag, womit man zu einem Ritter befördere«, schreibt noch Jean Paul, an diese alte Bedeutung erinnernd, in seinem »Siebenkäs«.

Mit dem Verfall der Hanse verfiel aber auch das Prestige des Hänselns, bis man eines Tages bei »hänseln« tatsächlich nur noch an den Hanswurst dachte.

Heile, heile Gänschen:

Das »heile« in »heile Gänschen« hat etwas mit Wundheilung zu tun.

Heile, heile Gänschen,
es wird bald wieder gut
heile, heile Mausespeck
in 100 Jahren ist alles weg.
(Karnevalslied)

Das »heile« in dem bekannten Lied von Ernst Neger kommt von »hiele« bzw. »biele«, auf sächsisch »kleine Gans«; so wie man »put put put« gerufen hat, um Hühner anzulocken, rief man »hiele hiele hiele« für die Gänse.

Heimchen am Herd:

Das Heimchen hat seinen Namen von »daheim«.

Das Heimchen am Herd ist vielleicht besonders häuslich, mit seiner Rolle zufrieden und recht unemanzipiert. Seinen Namen hat es aber von einem männlichen Bewohner dieser Erde: Der Heime ist eine männliche Grille, sozusagen ein Grillerich. Die Verkleinerungsform wurde bei uns vor allem durch die Übersetzung einer vielgelesenen Erzählung von Charles Dickens populär: »Cricket on the hearth« – »Die Grille am Herd«. Die idyllische Geschichte endet mit den Zeilen:

»Ein Heimchen singt am Herde, ein zerbrochenes Kinderspielzeug liegt am Boden, und nichts ist mehr übriggeblieben.«

Hexenschuß:

Der Hexenschuß heißt so, weil er einen überfällt wie von einem Hexenzauber ausgelöst.

Tatsächlich spricht vieles dafür, daß diese heimtückische Krankheit von unseren Vorfahren dem bösen Wirken einer Hexe zugesprochen wurde. Das »Hexengeschoß« als Name ist schon vor tausend Jahren im Schwange gewesen. Auch das englische Wort »elf-arrow« (Elfenpfeil) läßt auf magische Ursachen der Schmerzen schließen.

Einige Sprachwissenschaftler vermuten aber, daß der Hexenschuß seinen Namen eher von der Hechse/Hächse, einer heute nicht mehr gebräuchlichen Bezeichnung für die Lende oder Hüfte, hat (der medizinische Ausdruck für Hexenschuß ist »Lumbago« = Lendenlähmung). Auf jeden Fall ist die Krankheit so schmerzhaft, daß man sich wie verhext fühlt, wenn sie einen befällt.

Hochstapler:

Ein Hochstapler stapelt hoch.

Sicher hatte er nicht ihn allein ins Unglück gebracht.
Solche Hochstapler arbeiten immer im großen.

(Rainer Maria Rilke: »Die Aufzeichnungen des Malte Laurids Brigge«)

Ein Hochstapler ist ein »Hochstappler« der im Laufe der Zeit ein »p« verloren hat. Das Wort kommt aus dem Rotwelschen und bedeutet Bettler. »Stappeln« heißt auf rotwelsch »betteln«, ein Hochstappler war ein ganz besonders raffinierter Bettler, der sich als in Not geratener vornehmer Mann ausgab, um dadurch Mitleid zu erregen. Hochstappeln meinte: in betrügerischer Absicht eine hohe gesellschaftliche Stellung vortäuschen.

Hund, vor die Hunde gehen: → **Siehe Kapitel Wirtschaft und Gesellschaft.**

irritieren:

Irritieren kommt von »irre machen«.

Es ist schon richtig: Wer uns irritiert, der macht uns irre. Aber die Wurzeln dieser Wörter sind durchaus verschieden. Irritieren kommt aus dem lateinischen »irritare« = reizen, provozieren, und wird seit dem 16. Jahrhundert in diesem Sinn im Deutschen eingesetzt. Irren dagegen gibt es im Deutschen schon viel länger, und es hatte schon immer die heutige Bedeutung: unwissend sein, vom rechten Weg abkommen. Mit anderen Worten: Wer uns irritiert, der bringt uns zuweilen vom rechten Weg ab und bewirkt, daß wir uns irren.

Jubeljahr: → **Siehe Kapitel Raum und Zeit.**

Kaiserschnitt:

Der Kaiserschnitt kommt von Kaiser = Caesar.

Vermutlich hat der Kaiserschnitt seinen Namen von der sogenannten »lex regia« oder »lex caesarea« (von »caedere« = ausschneiden), einem römischen Gesetz, wonach schwangeren, vor der Geburt verstorbenen Frauen das Kind aus dem Bauch geschnitten werden sollte, weniger um es zu retten, als um es getrennt von seiner Mutter zu begraben. Anders als viele in Anlehnung an den römischen Schriftsteller Plinius glauben, der den Namen Caesar als »den aus dem Mutterleib geschnittenen«

erklärte, wurde der große Julius Caesar daher auch nicht als erster Mensch per Kaiserschnitt geboren, denn seine Mutter hat die Geburt um viele Jahre überlebt.

Die ersten Kaiserschnitte an lebenden Müttern gab es im späten 15. und frühen 16. Jahrhundert. So soll der Schweinschneider Nufer - aus dem Schweizer Kanton Thurgau - um das Jahr 1500 in letzter Verzweiflung sein eigenes Kind per Kaiserschnitt von seiner lebenden Frau entbunden haben. Ähnliche Anekdoten berichten Medizingeschichtler auch aus Italien. Der erste in Deutschland an einer lebenden Mutter ausgeführte Kaiserschnitt geschah 1610 in Wittenberg.

Kalauer: → **Siehe Kapitel Raum und Zeit.**

Kanone:

Die Kanone in »unter aller Kanone« steht für das Schießwerkzeug gleichen Namens.

Die Wege da für Autos, die sind ja unter aller Kanone.

(Alfred Döblin: »Berlin Alexanderplatz«)

»Unter aller Kanone« ist eine veralbernde Umdeutung der lateinischen Wörter »sub omni canone« - unter aller Richtschnur. Was unter aller Kanone ist, ist so miserabel, daß es sich einer normalen Beurteilung entzieht. Vermutlich haben sich einige kreative Lateinschüler des 19. Jahrhunderts diese Redewendung ausgedacht.

→ Siehe auch **Katerfrühstück** im Kapitel *Essen und Trinken.*

Kiebitz: → **Siehe Kapitel Fauna und Flora.**

klammheimlich:

Klammheimlich hat etwas mit naß und kalt zu tun.

Das Wort klammheimlich ist doppelt gemoppelt, das »klamm« kommt nicht von »naß«, sondern aus dem lateinischen »clam« = heimlich. Klammheimlich ist also so heimlich, daß es heimlicher nicht geht.

→ Siehe auch **frech wie Oskar** im gleichen Kapitel weiter oben und **Gulaschsuppe** im Kapitel *Essen und Trinken.*

Kopfnuß:

Eine Kopfnuß hat etwas mit Nüssen zu tun.

Vielleicht, so könnte man meinen, weil eine Kopfnuß oft eine Beule groß wie eine Nuß hinterläßt.

In Wahrheit kommt die Nuß in Kopfnuß von ihrer regionalen Bedeutung Stoß bzw. Schlag. Mit »nussen« meint man in Süddeutschland auch prügeln. So schreibt der Dichter Hans Sachs: »Schlag zu, schlag zu, gib ir der Nüsz.«

Allerdings kann die Kopfnuß, als Schlag mit den Fingerknöcheln an den Kopf verstanden, auch eine Anspielung auf die Härte und Form dieser Knöchel sein.

Laberdan:

Ein Laberdan ist jemand, der labert.

Ein großer Aal ward aufgetragen, Laberdan,
Und Artischoken aus dem Treibhaus.

(Eduard v. Mörike: »Besuch in der Kartause«)

Wer labert, macht viele Worte um nichts. Der Laberdan hat aber seinen Namen nicht vom dummen Reden; er ist ein eingesalzter Kabeljau, von niederländisch »labberdaan«. Er paßt gut, wie Eduard von Mörike wußte, zu Aal und Artischocken und wird etwa in Köln als »Laberdan in Senfzaus« (Kabeljau mit Senfsoße) angeboten. »In der Domstadt mit durch und durch katholischer Tradition wird bis heute noch das klassische Freitagsgericht gekocht: Fisch. Den Star unter den Kochfischen, den Kabeljau, oder auf kölsch ›Laberdan‹, läßt man dabei in einer Senfsoße schwimmen. Dazu gibt es Kartoffeln oder Reis und einen grünen Salat.« (Aus den Internetseiten des Westdeutschen Rundfunks)

Auch Heinrich Heine gibt dem Laberdan die Ehre; am 29. Juli 1830 schreibt er aus Helgoland, wohin er sich zur Erholung zurückgezogen hatte (»Ich werde mir eine deutsche Nachtmütze anschaffen und über die Ohren ziehen«):

»Mein Nachbar, der unter mir wohnt, ist weder Pietist noch Nationalist, sondern ein Holländer, indolent und ausgebuttert wie der Käse, womit er handelt. Nichts kann ihn in Bewegung setzen, er ist das Bild der nüchternsten Ruhe, und sogar wenn er sich mit meiner Wirtin über sein Lieblingsthema, das Einsalzen der Fische, unterhält, erhebt sich seine Stimme nicht aus der plattesten Monotonie. Leider, wegen des dünnen Bretterbodens, muß ich manchmal dergleichen Gespräche anhören, und während ich hier oben mit dem Preußen über die Dreieinigkeit sprach, erklärte unten der Holländer, wie man Kabeljau, Laberdan und Stockfisch voneinander unterscheide; es sei im Grunde ein- und dasselbe, und man bezeichne damit nur drei verschiedene Einsalzungsgrade.«

Leberflecken:

Leberflecken haben etwas mit der Leber zu tun.

Die als »Leberflecken« oder »Muttermale« bekannten Pigmentstörungen unserer Haut haben nur sehr indirekt, nämlich über ihre Farbe, die in der Tat der Farbe der Leber ähnelt, mit diesem Organ zu tun. Sie entstehen durch eine Anhäufung von Pigmentzellen oft schon ab Geburt, bei Frauen auch während der Schwangerschaft, und sind in aller Regel ungefährlich und völlig unabhängig von der Leber.

Lückenbüßer:

Ein Lückenbüßer muß für etwas büßen.

Ein Lückenbüßer ist ein Lückenschließer (vom Mittelhochdeutschen »büezen« = ausbessern, verschließen, flicken).

Ein bekannter Lückenbüßer ist der Kaiserslauterer Fußballspieler Olaf Marschall: »Der Lückenbüßer wittert eine neue, wenn auch kleine Chance. ›Irgendwie denke ich natürlich schon an die EM. Ich setze auf die neue Saison. Wenn man oben mitspielt und seine Tore macht, ist man schnell dabei‹, erklärte der Lauterer Olaf Marschall mit Hinweis auf sein Vorbild aus Berlin.« (Berliner Zeitung)

mäkeln:

Mäkeln kommt von Makel.

Wer mäkelt, beklagt sich über einen Makel. Aber mäkeln und Makel gehören sprachgeschichtlich nicht zusammen. Das Zeitwort »mäken« = nörgeln kommt von Makler und »maklen« im Sinne von: Geschäfte machen. Und wie jeder weiß, der schon einmal auf einem Flohmarkt ein Geschäft gemacht hat, besteht letzteres vor allem darin, an der zu kaufenden Ware herumzunörgeln.

Das Wort »Makel« dagegen kommt aus dem lateinischen »macula« = Fehler oder Fleck; es hat auch im Deutschen genau diese Bedeutung beibehalten.

Maulaffe:

Maulaffe hat etwas mit Affen zu tun.

Den ganzen Vormittag saß er im Lehnsessel und rauchte Tabak, wenn er nicht zu träge war, oder hatte Maulaffen feil zum Fenster hinaus, aß aber zu Mittag doch wie ein Drescher, und die Nachbarn sagten manchmal: »Windet's draußen, oder schnauft der Nachbar so?« (Johann Peter Hebel: »Der geheilte Patient«)

Maulaffen feilhalten kommt vom plattdeutschen »dat Mul apen halten«. Weil wir den Mund vor allem dann weit aufreißen, wenn wir etwas Ungewöhnliches oder Erschreckendes sehen, hörte man früher die Ordnungskräfte öfters sagen, die Leute sollten nicht Maulaffen feilhalten sondern weitergehen.

→ Siehe auch **Affenschande** im gleichen Kapitel weiter oben.

mausetot:

Mausetot spielt auf tote Mäuse an.

Die Maus in »mausetot« kommt nicht von den Mäusen, sondern aus dem niederdeutschen murs = ganz. Ein mausetotes Lebewesen ist also endgültig und wirklich tot.

→ Siehe auch **todschick** im Kapitel *Geld und Gut*.

mausig:

»Sich mausig machen« kommt von Maus.

Wir könnten's alle so gut haben; denn die großen Herrschaften, glauben Sie's mir, meinen's mit uns so gut, wenn wir uns nur nicht mausig machen wollen. (W. Alexis: »Ruhe ist die erste Bürgerpflicht«)

Sich frech benehmen – mausig machen – kommt von »mausern«. Greifvögel, die sich gemausert, das heißt, ihre Federn gewechselt haben, sind besonders angriffslustig.

Mesner:

Ein Mesner hilft dem Pfarrer bei der Messe.

Mag sein. Aber den Namen hat er von woanders. Der Mesner – in neuer Rechtschreibung Messner – ist der »mansionarius«, der Aufseher (bzw. die Aufseherin) des Gotteshauses: »Zum 31.12.99 hat Frau Bauline Touma ihren Mesnerdienst gekündigt, weil ihre familiäre Belastung zu groß wurde. Wir wollen ihr hier an dieser Stelle noch einmal herzlich danken für ihre Arbeit in und um die Kirche.« Das lesen wir im Internet unter www.gemeinde2000online.de/seite49.htm.

Und lange vor dem Internet hatte schon Schiller (in »Wallensteins Lager«, achter Auftritt) vom Mesner als dem Glockenläuter gesprochen:

Wenn man für jeden Donner und Blitz,
Den ihr losbrennt mit eurer Zungenspitz,
Die Glocken müßt läuten im Land umher,
Es wär bald kein Meßner zu finden mehr.

Moin, Moin:

Das friesische »Moin, Moin« heißt auf Hochdeutsch »guten Morgen«.

»Moin« ist die friesische Abkürzung für »moien Dag« = »guten Tag«; man kann also in Friesland auch noch abends seinen Nachbarn mit »moin, moin« begrüßen.

Mündig:

Mündig kommt von Mund.

Mein General! Du machst mich heute mündig.

(Schiller: »Wallensteins Tod«)

Ein mündiger Bürger kann zwar den Mund aufmachen und seine Meinung freiheraus sagen. Das Wort mündig ist aber nicht vom Körperteil Mund abgeleitet, sondern von dem alten deutschen »munt« = Schutz. Wer mündig ist, kann sich selbst schützen, ist berechtigt, Rechtshandlungen zu vollziehen. Mund im Sinne von Schutz ist auch in »Mündel« und »Vormund« noch enthalten.

Muselmann:

Muselmann kommt von Mann.

Ob er gleich ein Ungläubiger (nicht Muselmann) war, so liebten ihn doch seine Reisegefährten, denn er hatte ihnen, durch sein ganzes Wesen, Achtung und Zutrauen eingeflößt. (Wilhelm Hauff: »Märchen«)

Der Muselmann ist eigentlich ein Muselman = musliman. Das ist persisch und bedeutet die Mehrzahl von muslim = Mohammedaner. Aus Persien ist das Wort dann über die Türkei, wo man es grammatisch nicht ganz richtig als Einzahl benutzte, auch zu uns gekommen.

mutterseelenallein:

Mutterseelenallein hat etwas mit Mutter und Seele zu tun.

Es blickt der Mond so still mich an
Es fließt so still der Rhein.
Der Fischerknabe steht im Kahn
So mutterseelenallein.

Ich sitz am Rocken traurig bang
Im stillen Kämmerlein.
Das Rädchen mir nicht schnurren will
So mutterseelenallein.

Wärst Du bei mir und ich bei dir,
Du lieber Knabe mein,
Du ständst nicht dort, ich säß nicht hier
So mutterseelenallein.

(Altes Volkslied)

Das »mutterseel« in diesem Beiwort steht für »ganz und gar«. Mutterseelenallein = ganz und gar allein. Nach einer alternativen Herleitung kommt mutterseelenallein aber weder von der Mutter noch der Seele noch der Mutterseele, sondern aus dem französischen »moi tout seul« = ich ganz allein. Aus »moi tout seul« wurde »mutterseel«, und weil das Wort mit der Zeit für manche unverständlich wurde, kam dann noch zur Verdeutlichung »allein« dazu.

nachäffen:

Nachäffen kommt von den Affen.

Jedes Kind weiß: Affen machen alles nach. Nachäffen heißt also: wie ein Affe alles nachahmen. Wahrscheinlich ist nachäffen aber eine Umdeutung des älteren Wortes »nachäfern« = wiederholen und hat ursprünglich gar nichts mit Affen zu tun.

→ Siehe auch **Affenschande** und **Maulaffe** im gleichen Kapitel weiter oben.

Nassauer:

Ein Nassauer kommt aus Nassau.

Der Ausdruck »Nassauer« für jemand, der gerne auf Kosten anderer ißt und trinkt, hat mit dem schönen deutschen Städtchen Nassau nichts zu tun; das Wort kommt aus dem Jiddischen, von »nassenen« für »geben« oder »schenken«. Es ist eine Umkehrung des Sinns und soll jemanden benennen, der lieber nimmt als gibt.

→ Siehe auch **Guten Rutsch** im Kapitel *Wirtschaft und Gesellschaft* und **Sauregurkenzeit** im Kapitel *Raum und Zeit.*

Nesthäkchen:

Ein Nesthäkchen hat etwas mit »haken« zu tun.

Das jüngste Vögelchen will meist nicht aus dem Nest heraus. Das gilt auch bei den Menschen, zum Beispiel für das Nesthäkchen, das viele aus den bekannten Kinderbüchern kennen. Deshalb könnte man meinen, es hat seinen Namen, weil es sich zu Hause, gleichsam am Nestrand festhakt. In Wahrheit kommt »haken« in Nesthäkchen aber von hocken = kauern. Das Nesthäkchen ist ein Nesthocker.

Ohrfeige:

Ohrfeigen haben etwas mit Feigen zu tun.

Ohrfeig um Ohrfeig – das ist so Tax bei uns – Halten zu Gnaden.

(Schiller: »Kabale und Liebe«)

Vielleicht hat Schiller dabei wirklich an Feigen gedacht, die der Schwellung ähneln, die eine Ohrfeige auslöst. Auch in einem anderen Werk, im »Fiesko«, kommt die Ohrfeige nochmals vor: »Ein vorzüglicher Kopf muß es immer sein, von dem die Wahrheit ohne Ohrfeige wegkommt.«

Ein anderer Erklärungsversuch besagt, daß die Ohrfeige mit »Fegen« im Sinn einer ausholenden Bewegung zusammenhängt: Die Hand, mit der man einen Gegenstand vom Tisch fegt, kann auch ein Schlag auf die Backe führen.

Eng verwandt mit der Ohrfeige ist die Backpfeife; der Bestandteil Pfeife ist vielleicht tatsächlich eine Umdeutung der

Feige. Für Jakob Grimm heißt die Backpfeife allerdings so, weil der Schlag auf den Backen pfeift.

O. K.:

O. K. (okay) kommt von »Oberkommando«.

Weil ein für die Amerikaner kämpfender deutscher General im amerikanischen Unabhängigkeitskrieg seine Dokumente derart abgestempelt habe, so eine alte Überlieferung, wäre das Kürzel »O. K.« in das Englische gekommen.

Dieser Mythos ist nur einer von vielen falschen Ableitungen, welche diese Buchstaben umgeben. Andere von Sprachforschern als falsch entlarvte Geburtsgeschichten sind: O. K. als telegraphisches Signal für »Open Key« (= empfangsbereit), O. K. als indianisches »okeh« = ja, O. K. als Abkürzung der Keksfabrik O. Kendall & Sons, die ihre Produkte mit diesen Initialen schmückte, oder O. K. als Abkürzung für den notorischen deutschen Qualitätsinspektor Oskar Kandler (nach anderer Lesart: Otto Kleinschmidt, Oswald Krummbein usw.), der so den von ihm für gut befundenen Waren seinen Stempel mitgegeben haben soll.

In Wahrheit ist O. K. vermutlich als eine Kurzform des verballhornten englischen Ausdrucks »oll correct« entstanden. Derartige Abkürzungen von bewußt falsch geschriebenen englischen Wörtern waren in den USA um 1840 große Mode: K. G. für »Know go« (= no go = geht nicht), K. Y. für »Know yuse« (= no use = nutzlos) usw. Die meisten dieser Moden verschwanden genauso schnell, wie sie gekommen waren; da O. K. sich aber so vortrefflich für alle möglichen Anspielungen im damals gerade ablaufenden Präsidentenwahlkampf eignete (der demokratische Kandidat Martin van Buren hatte nach seinem Geburtsort Kinderhook im Staat New York den Spitznamen »Old Kinderhook«), blieb von allen diesen Scherzen nur O. K. am Leben.

Ölgötze:

Ölgötzen haben etwas mit Öl zu tun.

Verwundert schaute er auf uns Ölgötzen, die ernst um einen Tisch herum saßen. (Wolfgang Leonhard: »Die Revolution entläßt ihre Kinder«)

Wenn der Ölgötze etwas mit Öl zu tun hat, dann nur indirekt. Der Ölgötze könnte eine Verkürzung von »Ölberggötze« sein. Das ist eine Bezeichnung für die Jünger Jesu. In der bildenden Kunst wird das Gebet Christi und seine Todesangst im Garten Gethsemane am Ölberg zu Beginn der Passion häufig dargestellt. Die Jünger werden dabei oft schlafend abgebildet. Eine andere Version erklärt die steif wirkenden regungslosen Öl(berg)götzen mit dem Auftreten der römischen Häscher. Auf das Bekenntnis Jesu, er sei derjenige, den sie suchten, »wichen sie zurück und fielen zu Boden« (Johannes 18,6). In der Reformationszeit wurde Ölgötze als Spottwort verwendet, mit dem Bilder in katholischen Kirchen und die mit heiligem Öl geweihten katholischen Priester bezeichnet wurden.

→ Siehe auch **ergötzen** weiter oben im gleichen Kapitel.

Onkel:

»Über den großen Onkel laufen« hat etwas mit Großonkel zu tun.

Der »Große Onkel« – der große Zeh – ist der französische »grand ongle« von »Ongle« = Nagel, Klaue, Kralle, Huf. Wer über den großen Onkel läuft, rollt also den Fußballen beim Gehen über den großen Zeh ab.

Ossi:

Der Ossi ist ein Produkt der deutschen Wiedervereinigung.

Lange bevor die Bewohner der ehemaligen DDR als Ossis bezeichnet wurden, gab es schon Ossi-Witze. Die bezogen sich aber nicht auf die Bürger des zweiten deutschen Staates, sondern auf die Ostfriesen. Heute ist die Bezeichnung Ossi für Ostfriese ebenso verschwunden wie die Witze über sie.

Ping-Pong:

Das Wort Ping-Pong kommt aus dem Chinesischen.

Die Bezeichnung »Ping Pong« für Tischtennis ist um 1900 in Anlehnung an die typischen Geräusche, die bei der Ausübung dieser Sportart entstehen, erstmals in England nachgewiesen.

Platzangst:

Platzangst ist die Furcht vor engen Räumen.

Wer in engen Aufzügen vor Angst zu schwitzen anfängt, leidet unter Klaustrophobie, einer krankhaften Angst, sich in geschlossenen Räumen aufzuhalten. Mit Platzangst bzw. Agoraphobie dagegen meint die Medizin die Angst vor dem Überschreiten freier Plätze, also genau das Gegenteil.

pomadig:

Ein pomadiger Mensch ist schmierig.

Anfänglich rannten sie, stürmten, was das Zeug hielt,
aber dann wieder wirkte die Hertha zu pomadig.

(Pressekommentar zu einem Fußballspiel)

Ein pomadiger Mensch ist »po malu« - polnisch für »langsam, gemächlich«; in diesem Sinn ist das Wort in der Studentensprache des 17. Jahrhunderts erstmals aufgekommen.

Rothaut:

Rothäute haben rote Häute.

Als die ersten europäischen Siedler nach Nordamerika kamen, nannten sie die Ureinwohner nicht »Rothäute«; sie nannten sie »Indianer«, »Wilde« oder »Heiden«.

Der Mythos von den »Rothäuten« geht vermutlich auf den schwedischen Naturforscher Karl Linné zurück; Linné hatte im 18. Jahrhundert die Menschen in »homo europaeus albescens, homo americanus rubescens, homo asiaticus fuscus, homo africanus niger« eingeteilt, hatte dabei aber übersehen, daß die manchmal rötliche Gesichtsfarbe der nordamerikanischen Indianer allein der Schminke zu verdanken war, mit der sich diese einzureiben pflegten. Die natürliche Hautfarbe der Indianer ist ein blasses Braun.

Nichtsdestoweniger wurde in den späteren Auflagen der Linnéschen Werke aus »rubescens« = »rötlich« sogar ein »rufus« = fuchsrot, vermutlich angeregt durch die gleichen Schreibtischgelehrten, die auch die Chinesen per Ferndiagnose zu »Gelben« machten; als dann sogar der große Immanuel Kant, der wohl nie im Leben einen Indianer gesehen hat, deren Hautfarbe als »kupferfarbig = roth« bezeichnete, waren diese im westlichen Bewußtsein ein für allemal als »Rothäute« verankert.

Rotwelsch:

Das Rot in Rotwelsch kommt von der Farbe Rot.

Rotwelsch, eine Sondersprache gesellschaftlicher Randgruppen, hat keine Verbindung mit der Farbe Rot. Das »Rot« in Rotwelsch steht für »untreu« oder »falsch«. »Welsch«, das für »französisch« steht, meint hier »fremd«, »unverständlich«, denn das Rotwelsche gleicht mit seinen Entlehnungen aus dem Jiddischen, Spanischen und dem Romani einer Geheimsprache. In gleicher Bedeutung kommt »welsch« auch in »Kauderwelsch« vor. Das Rotwelsch wird oft zu unrecht mit »Gaunersprache« gleichgesetzt.

ruchbar:

Etwas wird ruchbar (oder anrüchig), weil es riecht.

Das Wort ruchbar, wie in »der Mord wird sicher eines Tages ruchbar werden« ist über »ruchtbar« (ein noch von Goethe oder Schiller gern gebrauchtes Wort) aus dem alten »ruchte« = Ruf, Geschrei zu uns gekommen. Aus dieser gleichen Quelle kommen auch »anrüchig«, »berüchtigt« und »Gerücht«. Dagegen kommt »ruchlos« aus dem alten »ruochelos« = sorglos, unbekümmert; es hat weder mit riechen noch mit Lärm oder Geschrei etwas zu tun.

→ Siehe auch **anrüchig** im Kapitel *Wirtschaft und Gesellschaft*.

saumselig:

Saumselig kommt von Saum.

Saumselige Menschen finden ihr Glück weder beim Herstellen von Säumen = Stoffnähten, noch tragen sie gerne Säume = Lasten. Ihren Namen haben sie von dem alten »sumen« = zögern, vernachlässigen. Saumselige Menschen lassen sich bei ihrer Arbeit Zeit.

→ Siehe auch **Saumpfad** im Kapitel *Raum und Zeit.*

Schabernack:

Beim Schabernack sitzt einem der Schalk im Nacken.

Der Teufel hol's. Wenn's auch der Traum nicht ist, ein Schabernack.
Sei's, wie es woll, ist wider mich im Werk!

(Heinrich v. Kleist: »Der zerbrochene Krug«)

Ein lustiger Streich, ein Schabernack, hat nichts mit »schaben« und allenfalls sehr indirekt etwas mit unserem Nacken zu tun. Der Schabernack war einst ein Hut, der im Winter getragen wurde. Vielleicht hat diese Kopfbedeckung, die meist aus grobem Material verfertigt war, im Nacken geschabt. Diese Erklärung ist manchen Sprachforschern aber zu einfach: »Herkunft im dunkeln« lautet ihre lakonische Auskunft zu der Herkunft dieses Wortes.

schachmatt:

Schachmatt hat etwas mit müde, matt zu tun.

Dasz er sie also müde und schachtmatt mache. (Luther: »Tischreden«)

Schachmatt stammt aus dem Arabischen. Der Ausruf »sah mat« bedeutet: Der König ist gestorben. Im Deutschen ist die Redewendung »schacht unde mat« schon im 13. Jahrhundert belegt. Ob sie allerdings direkt auf das Arabische zurückgeht, ist nicht unbestritten. Als Zwischenglied könnte französisch »êchec et mat« = »erbeutet und tot« geholfen haben.

Schachtel:

Eine »alte Schachtel« hat etwas mit einem Papierkarton zu tun.

Drei alte Schachteln. (Titel einer Operette von Walter Kollo)

»Schöne Polizei!« murmelte der Gutsherr, »jede alte Schachtel im Dorf weiß Bescheid, wenn es recht geheim zugehen soll.«

(Annette v. Droste-Hülshoff: »Die Judenbuche«)

Die »alte Schachtel« ist kein alter Pappkarton, sondern ein derber Ausdruck für das weibliche Geschlechtsorgan. In der Jägersprache des 17. Jahrhunderts wurden erstmals alte Hirschkühe mit diesem Wort bezeichnet, von dort ist dann die »alte Schachtel« auch auf alte Frauen übertragen worden.

Schanze:

»Sein Leben in die Schanze schlagen« hat etwas mit Schanzen zu tun.

Wie könnet Ihr nun verlangen, daß ich meine zeitliche Glückseligkeit, ja sogar mein Leben in die Schanze schlagen und an Euren und meinem Tode Ursächerin sein sollte?

(Johann Gottfried Schnabel: »Erzählung vom ehrlichen Merillo«)

Wer sein Leben in die Schanze schlägt, setzt alles auf eine Karte: »Schanze« im Zusammenhang mit »sein Leben in die Schanze schlagen« kommt von dem lateinischen »cadentia« = Fallen des

Würfels; über das altfranzösische »Cheance« = Glückswurf ist es ab 1200 dann auch im Mittelhochdeutschen als »Schanze« nachzuweisen. Auf diese Wurzel verweist auch noch die Redewendung »jemandem etwas zuschanzen« im Sinne von: jemandem einen unverdienten Vorteil verschaffen.

schick:

Schick kommt von französisch »chic«.

Das Gegenteil ist der Fall: Das französische »chic« kommt aus dem deutschen »schick«. Seit dem 15. Jahrhundert bedeutete »schick« im Deutschen so viel wie »von gutem Aussehen, von richtigem Benehmen«: »Der Saus und Braus, macht denn der den Soldaten aus? Das Tempo macht ihn, der Sinn und Schick«, schrieb noch Schiller in »Wallensteins Lager«.

Später galt das Wort als veraltet, bis es in der Form »chic« aus Frankreich wieder zu uns zurückkam, wohin es zuvor über das Elsaß und die Schweiz ausgewandert war.

Heute steht »schick« für »modisch, elegant«. Die ursprüngliche Bedeutung findet sich noch in »schicklich« und in der Wendung »das schickt sich nicht«.

Schickse:

Eine Schickse hat ihren Namen von ihrem schicken Aussehen.

Eine Schickse mag recht schick aussehen; von manchen wird sie auch als Flittchen angesehen. Ihren Namen hat sie aber von dem jiddischen »schegez« = Christenjunge, und dessen weiblichem Gegenstück, der Schickse, also dem Christenmädchen. Schicksen spielten eine Rolle als Dienstmädchen in jüdischen Familien.

Dieses Wort war zunächst neutral, wurde aber im letzten Jahrhundert in Studentenkreisen eher abwertend verwendet.

→ Siehe im gleichen Kapitel auch **Nassauer.**

Schlips:

Der »Schlips« in »auf den Schlips getreten« ist eine Krawatte.

Der »Schlips« in »auf den Schlips getreten« kommt von »Schlippe« = Rockschoß, der heute aus der Mode gekommene Teil, der an Fracks oder anderen Kleidungsstücken für Männer hängt. Wer jemandem auf den Schlips tritt, behindert ihn am Fortkommen oder bringt ihn gar zu Fall.

Schmierfink: → **Siehe Kapitel Fauna und Flora.**

Schmiere stehen:

Schmiere stehen hat etwas mit schmierig zu tun.

Der Schmieresteher braucht sich nicht mit öliger oder fettiger Masse abzugeben, damit die Untat, an der er beteiligt ist, wie geschmiert abläuft; in der Gaunersprache bedeutet »Schmiere« Wächter, Bewachung, abgeleitet von jiddisch »schmiro« = Wache. Das Wort »Schmiere« für ein schlechtes Theater hat mit »Wache« nichts zu tun; es leitet sich von »schmieren« (schlecht, schlampig schreiben) her.

Schnapsdrossel: → **Siehe Kapitel Fauna und Flora.**

Schnurrbart:

Schnurrbart kommt von schnurren.

»Ich bitte, malen Sie uns keinen Schnurrbart an das Heiligenbild!« unterbrach ihn Leontin, der sich seine Phantasie von der wunderbaren Erscheinung nicht verderben lassen wollte.

(Joseph v. Eichendorff: »Ahnung und Gegenwart«)

Wenn man sieht, wie Katzen, an ihren Schnurrbarthaaren gekrault, behaglich schnurren, liegt es nahe, den Schnurrbart damit zusammenzubringen. Der Schnurrbart oberhalb der männlichen Oberlippe ist dagegen ein Schnauzbart, von niederdeutsch »snurre« = Schnauze.

Schweinigel: → **Siehe Kapitel Fauna und Flora.**

selig:

Selige Menschen sind besonders fromm.

Selig die Armen im Geiste, denn Ihrer ist das Himmelreich.

(Bergpredigt)

Bei dieser Bibelstelle denken viele an die Seele und schreiben deshalb oft auch »seelig«. In Wahrheit ist »selig« ein altes, von der Seele unabhängiges Beiwort mit der Bedeutung »gütig«, »glücklich« oder auch »einfältig« (im Englischen entstand daraus das Schimpfwort »silly«).

Wieder etwas anderes ist das Nachwort »-selig«, das man in Wörtern wie »trübselig«, »mühselig« oder »armselig« findet. Diese Beiwörter sind aus den Hauptwörtern »Trübsal«, »Mühsal« oder »Armsal« (heute ausgestorben) abgeleitet, das »selig« in diesen Wörtern kommt von »sal«.

Senkel:

»Jemandem auf den Senkel gehen« hat etwas mit Schnürsenkeln zu tun.

Wenn man sich belästigt fühlt, weil einem eine Person auf den Senkel geht, steht dieser Mitmensch einem nicht auf den Schuhen. »Senkel« steht hier nicht für Schnürsenkel, sondern bedeutet »Senkblei, Lot« – wer uns auf den Senkel geht, der bringt uns aus dem Lot, der stört unser Gleichgewicht.

Squaw:

»Squaw« heißt auf indianisch »Indianerfrau«.

»Squaw« meint in der Indianer-Umgangssprache die weiblichen Genitalien; viele Indianer fühlen sich daher durch dieses Wort beleidigt, sie sehen darin einen Ausdruck von Rassismus. Im amerikanischen Bundesstaat Minnesota mußten deshalb schon Gemeinden ihren Namen ändern, und auch in Kalifornien, Heimat des berühmten »Squaw Valley«, kämpfen Indianer für die Umbenennung solcher Orte.

Standing ovations:

Standing ovations geschehen im Stehen.
»Standing ovations« geschehen stehend, sitzend oder liegend; das »standing« steht für »anhaltend, andauernd« und hat mit »stehen« im Sinn von »aufrecht stehen« nichts zu tun.

→ Siehe auch **Handy** oder **Smoking** im Kapitel *Geld und Gut*.

Stegreif:

Stegreif hat etwas mit Reifen zu tun.
Die Akademiker pflegten oft nach der Mahlzeit zu ihrer Lust kleine theatralische Darstellungen aus dem Stegreife zu geben.
(E. T. A. Hoffmann: »Die Serapions-Brüder«)

Stegreif ist ein anderes Wort für Steigbügel. Wer etwas aus dem Stegreif erledigt, macht das, ohne vom Pferd abzusteigen, gleichsam im Vorüberreiten. Der »Reif« ist ursprünglich das »Seil«, das über die Rücken der Pferde gelegt wurde und dessen Schlaufen an den beiden Enden zum Aufsteigen auf das Roß dienten.

Streit um des Kaisers Bart:

Der »Streit um des Kaisers Bart« hat etwas mit dem Bart des Kaisers zu tun.
Beim Streit um des Kaisers Bart geht es nicht um des Kaisers, sondern um des Geißen Bart. Die Redewendung kommt aus dem lateinischen »um Ziegenwolle (lana caprina) streiten«. Gemeint ist ein schon von Horaz beschriebener, unnützer und zeitraubender Streit darüber, ob Ziegenhaare Wolle seien. Aus dieser Geißenwolle wurde über Geißenbart dann Kaisers Bart.

Tolpatsch:

Tolpatsch kommt von toll und Patsche.

Guter Tolpatsch! (Berthold Auerbach: »Schwarzwälder Dorfgeschichten«)

Der Tolpatsch – nach neuer Rechtschreibung Tollpatsch – ist weder ein besonders toller Kerl noch ein Mensch, der in der Patsche sitzt, sondern ein ungarischer Infanterist: Tolpatsche waren früher ungarische Soldaten der Infanterie. Sie wurden als »talpas« (breitsohlig, breitfüßig) bezeichnet wegen ihrer Schuhe, einer Art Sandalen, die mit Schnüren am Fuß befestigt waren.

Da die ungarischen Soldaten im k&k Heer von ihren deutsch sprechenden Kameraden kaum verstanden wurden, wurde Tolpatsch zu einem Namen für alle, die unverständlich sprechen und handeln. Sicher hat auch das ähnlich klingende Wort Tölpel zur heutigen Bedeutung von Tolpatsch beigetragen.

todschick: → **Siehe Kapitel Geld und Gut.**

Tschüs: → **Siehe Kapitel Wirtschaft und Gesellschaft.**

ungeschlacht:

Ungeschlacht hängt mit schlachten zusammen.

Und habt uns aus Egypten bracht
an diesen Ort gar ungeschlacht.

(Hans Sachs: »Gedichte«)

Ein Kerl von ungeschlachtem Körperbau ist kein »ungeschlachteter« Kerl, auch wenn diese Form recht häufig zu lesen ist. Das althochdeutsche Wort »slaht« bedeutet Herkunft, Abstammung und ist heute noch in »Geschlecht« enthalten. Ungeschlacht meint also: nicht von guter Herkunft, ungeartet. Heute wird das Wort im Sinne von klobig, grob, unförmig gebraucht.

Unkenrufe: → **Siehe Kapitel Fauna und Flora.**

unverfroren:

Unverfroren kommt von frieren.

Unverfrorene Menschen sind nicht solche, die besonders wenig unter niedrigen Temperaturen leiden, weniger frieren als ihre Mitmenschen. Unverfroren leitet sich aus dem niederdeutschen »unverfehrt« - unerschrocken ab. Das Wort hat heute einen eher negativen Beigeschmack.

veräppeln:

Jemanden veräppeln hat etwas mit Äpfeln zu tun.

Wenn Meh und Weh die Müllverschickung nach Afrika bitter veräppeln oder jene Normalbürger, die Ausländer für den Neonazismus verantwortlich machen, wird klar, daß es viel zu belachen, zu bedenken und zu tun gibt. (Interview mit den Komikern Weh und Meh in einer Berliner Stadtzeitung)

Das »Veräppeln« kommt aus dem Jiddischen und hat seine Wurzel vermutlich in »eppel« = nichts. Veräppeln hieße demgemäß vernichten. Auch eine andere jiddische Wurzel in dem Wort »ewil« = Dummkopf wird von Sprachforschern nicht ausgeschlossen.

→ Siehe auch **dufte** und **Nassauer** im gleichen Kapitel oder **Guter Rutsch** im Kapitel *Wirtschaft und Gesellschaft*.

verballhornen:

Verballhornen kommt von Bällen oder Hörnern.

Es ist nun jener Puppenspiel-Faust, der von England herüber nach dem Festland kam, durch die Niederlande reisend, auch die Marktbuden unserer Heimat besuchte und, in derb deutscher Maulart übersetzt und mit deutschen Hanswurstiaden verballhornt, die unteren Schichten des deutschen Volkes ergötzte.

(Heine: »Der Doktor Faust«)

Das Wort »verballhornen« im Sinn von verfälschen, stümperhaft behandeln geht auf den Lübecker Buchdrucker Johann Ballhorn zurück. Dieser hatte 1586 eine äußerst fehlerhafte Ausgabe des Lübecker Rechts gedruckt. Er hatte ein Manuskript, das voller Fehler steckte, ohne Korrekturen in den Satz gegeben. Vielleicht war ihm die juristische Materie so unverständlich wie den Käufern des Werkes seine Textgestalt.

verbiestert:

Verbiestert kommt von Biest.

Wer verbiestert in die Welt schaut, wirkt auf seine Mitmenschen unfroh und gereizt und läßt in der Tat leicht den Gedanken aufkommen, er oder sie sei ein Biest. Aber »verbiestert« hat mit Ungeheuern nichts gemein, es gehört zu niederdeutsch »biester« – trübe, düster. Ein verbiesterter Mensch ist so unangenehm wie biestriges Wetter am frühen Morgen.

verbleuen:

Verbleuen hat etwas mit blau zu tun.

Könnte man denken, wenn man an das berühmte blaue Auge oder an »grün und blau schlagen« denkt. In Wahrheit geht aber das »bleuen«, das auch noch in »einbleuen« vorkommt (jemandem durch Prügel etwas beibringen), auf das alte germanische »blewwa« = schlagen zurück, das mit der Farbe blau in keinem Zusammenhang steht. Aus der gleichen Wurzel stammen auch der Bleuel und die Pleuelstange.

Die Farbe blau dagegen ist aus dem germanischen »blewa« über das alte deutsche »blao« in unseren modernen Wortschatz eingegangen.

→ Siehe auch **blaumachen** im Kapitel *Wirtschaft und Gesellschaft.*

verknallt:

Verknallt kommt von knallen.

Das tut es auch, aber anders, als die meisten glauben. »Ich bin total verknallt« sagen wir, wenn wir uns frisch verliebt haben. Und denken, das Wort kommt vom Zusammenstoß oder -knall mit dem Traummann oder der Traumfrau. So ist es aber nicht. Denn statt »verknallt« kann man auch »verschossen« sagen, quasi wie bei einer Patrone, die nicht mehr verwendet werden kann. Dies wurde auf Verliebte übertragen: Wer verknallt ist, ist vergeben, also gewissermaßen aus dem Spiel.

verkohlen:

Verkohlen kommt von: jemanden mit Kohle anschwärzen.

Der Brennstoff Kohle hat keinen Bezug zum Wort verkohlen, ebenso verhält es sich mit der Gemüsesorte oder dem ehemaligen Bundeskanzler. Der Kohl, der im »verkohlen« steckt, ist ein gaunersprachlicher Ausdruck und meint Unsinn. Wer verkohlt wird, der wird an der Nase herumgeführt, dem wird viel »Kohl« erzählt.

verkorkst:

Verkorkst hat etwas mit Korken zu tun.

Verkorkst kommt von dem landschaftlich gebräuchlichen »gorksen« oder »gurgsen«. Dieser lautmalende Ausdruck gibt die Geräusche wieder, die ein verkorkster Magen verursacht. Er gluckst und kollert, was zu Aufstoßen und Erbrechen führen kann. Die gurgelnden Töne dabei lassen hörbar werden, wie verkorkst der Magen ist.

verzetteln:

Verzetteln kommt von Zetteln.

Wer sich verzettelt, planlos kostbare Zeit vergeudet, scheitert vielleicht an allzu vielen, mit unverständlichen Notizen ausgefüllten Zetteln. Aber das Wort »verzetteln« kommt von einem älteren, heute nicht mehr gebräuchlichen »verzetten« (ausstreuen, verstreuen). Menschen, die sich verzetteln, halten sich mit verstreuten Nebensächlichkeiten auf.

Wahnsinn:

Wahnsinn hat etwas mit Verrücktheit zu tun.

Es ist immer etwas Wahnsinn in der Liebe.
Es ist aber immer auch etwas Vernunft im Wahnsinn.

(Nietzsche: »Also sprach Zarathustra«)

Das alte deutsche »wan« bedeutet Meinung, Vermutung, Hoffnung, Erwartung, auch Scheu. Es ist verwandt mit »wähnen« und »gewinnen«, sogar der Name der römischen Liebesgöttin Venus geht auf dieselbe Wurzel wie unser Wahn zurück. Passen nicht die obigen Bedeutungen des alten »wan« sehr gut zur Liebe? Vielleicht hat Nietzsche sich daran erinnert.

Im Mittelalter stand Wahn im Gegensatz zu Wissen. Allmählich entwickelte sich der Sinn: unwirkliche, nicht den Tatsachen entsprechende Meinung. Darüber hinaus ist der Wahn mit einem anderen alten »wan«, einem vom lateinisch »vanus« (leer) abgeleiteten Wort zusammengefallen. In unserem heutigen Wahnsinn vereinigen sich also Leere und Einbildung. Nicht ganz folgerichtig wird Wahnsinn heute oft auch anderen Wörtern vorangestellt, um ihre Bedeutung zu verstärken, so z. B. in Wahnsinnsarbeit oder Wahnsinnshitze.

windelweich:

Windelweiches ist weich wie eine Windel.

Windeln sollten der Babys wegen immer weich sein. Windelweich in der Redewendung »jemanden windelweich schlagen«

bezieht sich aber nicht auf die Eigenschaft einer Windel, sondern kommt von »windelbleich«. Jemand erhält solche Dresche, daß er ganz bleich, d.h. weiß wie die früher üblichen Leinenwindeln wird.

X:

Ein X für ein U vormachen.

Im lateinischen Alphabet stand einst das V zugleich für U. Außerdem ist das V das römische Zahlzeichen für die Ziffer 5. Da die Wirte früher die Zeche mit Kreide anschrieben, notierten sie auf der Schiefertafel für fünf Schoppen Wein ein V. Wenn der Gast die Rechnung begleichen wollte, war manch betrügerischer Wirt verleitet, aus dem V ein X zu machen. Er mußte nur die beiden Schenkel des V nach unten verlängern, schon hatte er die Zeche verdoppelt, denn X ist ja die Zahl zehn in römischer Form.

Mancher Gast versuchte, diesen Spieß auch umzudrehen: Hatte er tatsächlich zehn Gläser Bier, Most oder Wein getrunken, behauptete er, soviel habe er nicht intus, der Wirt wolle ihn übers Ohr hauen. Grimmelshausen berichtet in den »Kalendergeschichten« von solch einem Fall. Ein ehrlicher Wirt beschwert sich: »Meine Gäste wollen meine Rechnung bisweilen nicht verstehen, sondern je zuweilen aus einem X ein V machen, das wir aber zu tun nicht gelegen.«

Xanthippe:

Xanthippe war eine Xanthippe.

»Außerdem möchte ich mit der Verleumdung der Xanthippe als zänkischem Weib aufräumen«, schreibt uns eine Leserin. »Sokrates, der so in den Himmel gehoben wird, hat sich einen Dreck um seine Kinder gekümmert, ob sie was zum Essen und Anziehen hatten, er hat lieber diskutiert.«

Soweit noch heute festzustellen, hat sich Sokrates tatsächlich nicht allzu viel um Haus und Hausarbeit gekümmert. Aber anders als in vielen Anekdoten überliefert, lebte er mit seiner Xanthippe in einer durchaus harmonischen Beziehung, die Schüler des Sokrates (Platon, Xenophon), die Xanthippe kannten, haben uns von ihr nichts Negatives überliefert. Ihren schlechten Leumund hat Xanthippe wohl durch die 423 vor Christus entstandene und das Leben des Sokrates verspottende Komödie »Die Wolken« des Aristophanes bekommen; aber schon damals waren die Wahrheit und die dichterische Freiheit nicht immer unter einen Hut zu bringen.

Zeter und mordio:

Zeter kommt von zetern.

Und warum schreit jetzt die Steuergewerkschaft Zeter und Mordio, weil sie die Steuermoral in Deutschland in Gefahr sieht?

(Aus einem Presseartikel zum Steuerfall Peter Graf)

Das »Zeter« in dieser Redewendung kommt nicht vom »zetern« = jammernd schimpfen, sondern von dem englischen »Aid her« = helft ihr. »Mordio« ist ein Notschrei, ähnlich »feurio« oder (veraltet) »hilfio«. Die Endung steht aus klanglichen Gründen. Der Schrei wurde so beim Rufen gestreckt.

Zimtzicke: → **Siehe Kapitel Fauna und Flora.**

Zwölffingerdarm:

Der Zwölffingerdarm hat zwölf fingerartige Fortsätze.

Mediziner wissen: Der Abschnitt des Dünndarms heißt nicht Zwölffingerdarm, weil er zwölf Finger hat. Man nennt ihn so, weil er etwa so lang ist wie zwölf Fingerbreiten (ca. 30 cm). Das Stück ist hufeisenförmig mit ringförmigen Querfalten und sogenannten Zotten, die im Querschnitt aussehen wie Finger.

Zyniker:

Zyniker sind zynisch.

Die böhmischen Dörfer sind eben nicht die vorzüglichsten in Kredit, und wir hatten schon zwischen Dresden und Prag einmal etwas zynisch essen, trinken und liegen müssen.

(Johann Gottfried Seume: Spaziergang nach Syrakus)

»Zynisch« kommt vom griechischen »kynisch« = hündisch – ein Zyniker lebt wie ein Hund. Damit war aber nicht »kriecherisch«, sondern »anspruchslos« gemeint. Zyniker wie Diogenes von Sinope waren so etwas wie antike Bettelmönche, sie hatten den Gütern dieser Erde abgeschworen, als einziges wahres Gut galt ihnen ein Leben in Enthaltsamkeit und Tugend. Diese alles andere als zynische Einstellung zum Leben war in der vorchristlichen Antike weit verbreitet; ihren modernen negativen Beigeschmack erhielt sie vermutlich dadurch, daß ihre Anhänger den Widrigkeiten ihres Daseins sehr gelassen gegenüberstanden: Wer von dieser Welt nicht allzu viel erwartet, kann auch nicht allzu viel in ihr verlieren.

Ein bekannter Zyniker: Diogenes

3. Kapitel: Fauna und Flora

Unsere meisten Ausdrücke sind metaphorisch:
Es steckt in denselben die Philosophie unserer Vorfahren.
Lichtenberg

Adebar:

Das Wort »Adebar« für Storch ist ein altes deutsches Wort für »Sumpfgänger«.

Richtig ist: Störche stelzen gern im Sumpf herum und haben davon auch ihren Namen: Storch = Stelzer. Der Adebar als weiterer Name für den Storch kommt aber nicht, wie man zuweilen lesen kann, aus dem alten germanischen »udafaran« = Sumpfgänger, sondern von »oderbero« = Segenbringer.

Affenschande: → **Siehe Kapitel Menschen und Gefühle.**

Bachstelze:

Die Bachstelze hat Beine wie Stelzen.

Das Gras steckt sich unter dem Wind, die Blätter im Gebüsch sind in Bewegung, auf einem der übriggebliebenen Zaunpfähle sitzt eine Bachstelze und wippt ihren Schwanz.

(Joachim Laabs: »Der Schattenfänger«)

Die Stelze der Bachstelze geht nicht auf die bekannte Stange mit Trittbrett (»Er geht wie auf Stelzen«), sondern auf »Sterz« = Schwanz zurück. Die Bachstelze hat einen besonders langen Schwanz, mit dem sie gerne wippt, und heißt in einigen Gegenden deshalb »Wippsterz«, im Englischen auch »wagtail«. Kinder, die nicht ruhig sitzen wollen, werden im Plattdeutschen Wippsteerte genannt.

Bär: → **Siehe Kapitel Menschen und Gefühle.**

Baumwolle:

Baumwolle hat etwas mit Bäumen zu tun.

Der Gedanke, daß Schafe auf Bäumen wachsen und dort Wolle produzieren, scheint uns heute recht abwegig. Trotzdem hat sich die Vorstellung vom »Planta tartaria Boromez«, vom tartarischen Pflanzenschaf, das der Engländer John Mandeville 1356 in seinen Reiseberichten aus China und Indien beschrieb, über Jahrhunderte gehalten: »Und da wuchs eine Art von Früchten auf Bäumen, als wären es Kürbisse. Und wenn sie reif waren, konnte man sie essen und fand darin ein kleines Tier aus Fleisch, Knochen und Blut, als wäre es ein kleines Lamm mit Wolle außen.«

Die Baumwolle kommt ebensowenig von Bäumen. Hier täuscht aber der Name, denn die Baumwollpflanze ist kein Baum, sondern ein Malvengewächs und damit ein Strauch.

»Baumwollschafe« in Früchten.
Nach einem Holzschnitt aus dem 14. Jahrhundert.

hac planta mirabili opiniones, dum alij
etiam Zoophytorum eam numero adscri
care videamur, eam plantam simplicem
pedui
langu
stiller
alijs
mes,
musc.
sunt,
capiti
dictu,
spect:
uini
secul
tuitu
runt
auter
gear,
certu
(quæ quomodo phytomagnetica arte p
diximus) vt sanguinaria, huiusmodi succ
pomum certi generis referat. cuius extr

Auf einer Pflanze wachsendes »Baumwollschaf«.
Nach einem Holzschnitt von Kircher aus dem Jahre 1654.

Ein Baumwollschaft auf einem Baumwollbaum

Beifuß: → **Siehe Kapitel Essen und Trinken.**

Binsenweisheit:

Eine Binsenweisheit hat etwas mit Binsen zu tun.

Ob die Binsenweisheit etwas mit der Sumpfpflanze Binse zu tun hat, ist umstritten. Gerne wird zur Erklärung des Wortes eine lateinische Wendung zitiert: »quaerere in scirpo nodum« = einen Knoten in der Binse suchen, d.h. sich unnötige Mühe machen (die Binse ist glatt und hat keinen Knoten; wer also in der Binse einen Knoten sucht, der sucht vergeblich). Das erscheint uns aber ein wenig an den Haaren herbeigezogen. Nach einer anderen Lesart geht die »Binsenweisheit« auf einen Prof. Binse, einen der zahlreichen zerstreuten (Gymnasial-) Professoren vergangener Tage zurück. Dieser Prof. Binse langweilte vor 150 Jahren seine Schüler mit zahlreichen trivialen Einsichten, die so offen zu Tage lagen, daß sie als »Binsenweisheiten« Furore machten.

Bisamratte:

Die Bisamratte ist eine Ratte.

Die aus Nordamerika stammende und dort wegen ihres Pelzes intensiv gejagte Bisamratte ist eine sogenannte Wühlmaus (Microtina), keine Ratte (Rattus). Vermutlich ist sie wie auch die eine oder andere etwas größere Maus wegen ihres langen Schwanzes mit den Ratten in ein- und demselben sprachlichen Topf gelandet.

Blindschleichen:

Blindschleichen sind blind.

Blindschleichen sind genauso wenig blind wie die anderen Eidechsen, zu deren Familie sie gehören. Da die Blindschleichen Lider über ihre Augen ziehen können, wurden sie schon in der Antike irrtümlich für blind gehalten, und von den Römern »caecula« (von »caecus« = blind) genannt.

Nach einer anderen Erklärung haben sie ihren Namen von einem alten »plintslicke« = blendende Schleiche, wie man sie ihres oft blendend hellen Körpers wegen nannte.

Buchfink:

Der Buchfink hat eine besondere Beziehung zu Büchern.

Die rotbraunen Buchfinken mit dem blaugrauen Kopf und den weiß gestreiften Flügeln haben ihren Namen von den Buchenwäldern, in denen sie bevorzugt leben.

Buchweizen:

Der Buchweizen ist eine Weizenart.

Der Buchweizen (Fagopyrum esculentum) ist ein Knöterichgewächs und kein Getreide. Weil die enthülsten Samen ähnlich wie Getreide zur Speisezubereitung verwendet werden können, hat man auch den Namen an den Namen eines Getreides angeglichen. Niederdeutsch heißt diese Speisepflanze »bokweite«.

Bulle: → **Siehe Kapitel Wirtschaft und Gesellschaft.**

Ebenholz:

Das Ebenholz ist ein besonders ebenes (= glattes) Holz.

Das stimmt: Im verarbeiteten Zustand ist das ungewöhnlich harte, schwarze Ebenholz tatsächlich glatt. Aber seinen Namen hat es nicht von seiner Glätte, sondern von dem alten deutschen »ebenus« = Ebenholzbaum. Das Ebenholz ist demnach nichts anderes als das Holz des Ebenholzbaums.

Eberesche:

Die Eberesche hat ihren Namen von den Ebern.

Der wilde Eber mag sich an der Eberesche reiben, aber deswegen ist der Baum nicht zu seinem Namen gekommen. Das Wort »Eber« meint hier Eibe, denn die roten, beerenartigen Früchte der Eberesche ähneln denen der immergrünen Eibe. Und aus der Eibenesche wurde dann die Eberesche.

Eichhörnchen:

Eichhörnchen haben ihren Namen von der Eiche.

Für die Herkunft des Namens Eichhörnchen gibt es verschiedene Erklärungen. Wahrscheinlich kommt das »Eich« von einer alten Wortwurzel »eig« = sich heftig bewegen, schwingen. Diese Lesart paßt zumindest gut zu den Tieren, die rasend schnell Bäume erklettern und von einem Ast auf den nächsten springen können.

Eisvogel:

Der Eisvogel hat etwas mit Eis zu tun.

Der Eisvogel ist eigentlich ein Eisenvogel, wegen seines grünlichblauen, eisenfarbigen Gefieders. Die meisten der rund neunzig Arten leben weit vom Eis entfernt in eher warmen Ländern.

Fledermaus:

Fledermäuse sind Mäuse.

Fledermäuse (gelegentlich auch Flattermäuse genannt) gehören zur Gattung der Kleinfedertiere (Mikrochiroptera). Ihren Namen haben sie erhalten, weil sie, wenn sie mit angelegten Flügeln ruhen, Mäusen ähneln.

Gänseblümchen:

Gänseblümchen haben ihren Namen von den Gänsen.

Das Gänseblümchen wird entblättert.

(Titel eines Films mit Brigitte Bardot in der Hauptrolle)

Gänseblümchen, so könnte man meinen, sind die Leibspeise der Gänse und haben daher ihren Namen. Das alte deutsche »gensbluome« meint aber eine weiße Glockenblume. Man vermutet deshalb, daß das Gänseblümchen so heißt, weil es weiß ist, genau wie Gänse, und häufig auf Gänseweiden vorkommt.

Grasmücke:

Die Grasmücke hat ihren Namen von den Mücken und dem Gras.

Dieser beliebte Singvogel (Unterfamilie Sylviinae), auch »Schwarzplättchen« oder »Plattmönch« genannt, hat seinen Namen von dem mittelhochdeutschen »grasmiege« = Grau-Schlüpfer; er ist von Farbe grau und Meister im Durchkriechen, Durchhüpfen und Durchschlüpfen des Gebüschs.

Greifvögel:

Greifvögel heißen so, weil sie ihre Beute greifen.

Greifvögel (Falken, Adler, Geier, Habichte, Bussarde u. a.) greifen in der Tat nach ihrer Beute. Ihren Namen haben sie aber vom »Vogel Greif« (vorher »grifo« oder »grif«, von griechisch »gryphos« = krummnasig, gekrümmt), einem Fabeltier mit dem Leib eines Löwen, vier Krallenfüßen und einem krummen Raubvogelschnabel, wie er für die Greifvögel typisch ist.

Der Vogel Greif. Seine Krumme Nase gab einer ganzen Ordnung ihren Namen

Heuschrecke:

Heuschrecken verbreiten Schrecken.

Gott führt uns durch die ganze Welt, aber wir verzärtelte unerfahrne Menschen schreien bei jeder fremden Heuschrecke, die uns begegnet: Herr, er will uns fressen. (Goethe: »Zum Schäkespears Tag«)

Eine Heuschrecke mag durchaus den einen oder anderen »verzärtelten, unerfahrenen Menschen« erschrecken (in großen Massen können Heuschrecken ohne weiteres eine ganze Ernte vernichten); ihren Namen hat sie aber von dem alten »skreckan« = springen. Eine Heuschrecke ist also eigentlich ein Heuspringer.

Hochwald:

Ein Hochwald ist ein hoher Wald.

Ein Hochwald muß weder aus hohen Bäumen bestehen noch hoch gelegen sein; er ist einfach das Gegenteil von Niederwald, und das wiederum ist ein Wald, dessen Bäume in jungen Jahren kurz über der Erde abgeschnitten werden. Dadurch kommen unterhalb des Schnittes neue Triebe, die jeder für sich zu einem neuen Baumstamm werden; so entsteht rein massemäßig viel mehr Holz.

Naturgemäß wachsen diese neuen Stämme nicht so hoch, wie ein Einzelstamm gewachsen wäre; bei einer gegebenen Art von Baum ist Hochwald also wirklich höher als der aus dem gleichen Holz gewachsene Niederwald. Auf der anderen Seite aber können die Niederwälder mancher Bäume durchaus gewisse Hochwälder an Höhe übertreffen.

Hund, vor die Hunde gehen: → **Siehe Kapitel Wirtschaft und Gesellschaft.**

Kamelie:

Kamelien haben etwas mit Kamelen zu tun.

Die Kamelie hat ihren Namen von dem mährischen Jesuiten G. J. Kámel, latinisiert Camellus, der in seiner Beschreibung ostasiatischer Pflanzen über die Pflanze berichtet. Botanisch-lateinisch heißt die Kamelie deshalb »Camellia«. Die in einigen süddeutschen Mundarten vorkommende Kamelblume ist dagegen eine Verdrehung von Kamille.

Kette:

Mit einer Kette wird angekettet.

Nicht immer, denn dieses Wort gibt es im Deutschen in zwei Bedeutungen: Einmal die Kette zum Anketten (Hundekette); das ist die häufigste Bedeutung. Und dann die Kette im Sinn von: eine Kette Rebhühner. In dieser Bedeutung hört man die Kette seltener, und wenn, dann denken die meisten: Diese Schar Rebhühner (oder Wildgänse) heißt deshalb Kette, weil das Leittier die anderen wie an einer Kette hinter sich herzieht.

Diese Worterklärung ist aber falsch. Die Kette im Sinn von »Schar« kommt aus dem alten »kutti«, was genau das heißt: eine Schar von Tieren. Die Kette im Sinn von Metallband kommt dagegen aus dem alten »ketina«, das wiederum aus dem Lateinischen »catena« = Metallband abgeleitet ist. Daß dann beide Wortquellen in ein- und dieselbe Kette zusammenflossen, wurde natürlich durch die Ähnlichkeit der bezeichneten Gegenstände sehr erleichtert.

Kichererbsen:

Kichererbse kommt von kichern.

Der Verzehr von Kichererbsen macht nicht besonders lustig, denn der Name hat nichts mit dem Kichern zu tun. Er kommt von der lateinischen Bezeichnung der Kirchererbse, »cicer«. Dieses Wort ist auch im Namen des römischen Staatsmannes und Schriftstellers Marcus Tullius Cicero enthalten.

Im Deutschen ist die Kichererbse als »kihhira« schon früh belegt. Die »Erbse« ist später wegen der Form der Früchte an das ursprüngliche Wort angeheftet worden. Von »cicer« leitet sich auch der Kaffeezusatz Zichorie her.

Kiebitz:

Die Kiebitzer haben ihren Namen von dem Vogel Kiebitz.

Die Kiebitzer (also die mehr oder weniger beliebten Zeitgenossen, die beim Skat oder Schach nur zusehen und den Spielern Ratschläge erteilen) haben ihren Namen aus dem rotwelschen »kibitschen« = beobachten. Der Vogel Kiebitz hat seinen Namen von seinem typischen Lockruf, der so ähnlich klingt wie »kibit«, mit Brett- und Kartenspielern hat er nichts zu tun.

Kiwis:

Kiwis heißen schon seit jeher Kiwis.

Die Kiwifrucht heißt erst seit 1959 Kiwi; vorher hieß sie je nach Land und Leuten anders, »Yangtao« in ihrer Heimat China, »Chinese gooseberry« in England, und »chinesische Stachelbeere« in Deutschland.

Mit der Umbenennung in »Kiwi« wollten die Neuseeländer den Export der Früchte fördern: Da der Vogel namens Kiwi allgemein als Wahr- und Kennzeichen Neuseelands galt (dieser fluguntähige, bis 35 cm große Laufvogel der Familie Apterygidae kommt weltweit nur in Neuseeland und einigen benachbarten Inseln vor), hoffte man, durch diese Namensgebung auch die Frucht auf immer mit Neuseeland zu verbinden. Und diese Rechnung ist ganz offensichtlich aufgegangen.

Kohlrabe:

Kohlraben fressen Kohl.

Kohlraben fressen, wie andere Raben auch, vor allem Insekten, Beeren oder Nüsse; ihren Namen haben sie, wie auch die Kohlmeisen, von ihren kohlschwarzen Federn.

Liebstöckel:

Der Liebstöckel hat etwas mit »lieb« und »Stock« zu tun.

Die Gewürzpflanze Liebstöckel ist weder besonders lieblich, noch hat das hoch wachsende Liebstöckel den Namen von seiner Form, die einem Stock nicht ganz unähnlich ist. Ihr Name ist vielmehr aus dem lateinisch »levisticum«, einer Nebenform zu »ligusticum«, entstanden und bedeutet: aus Ligurien stammend.

Lindwurm:

Der Lindwurm ist ein linder Wurm.

Und tausend Stimmen werden laut:
Das ist der Lindwurm, kommt und schaut,

Der Hirt und Herden uns verschlungen!
(Schiller: »Kampf mit dem Drachen«)

Für einen Wurm ist dieses riesige, ungeschlachte Fabeltier zu groß. Und »lind« (= sanft oder mild) ist dieser märchenhafte Drachen, mit dem sich manch tapferer Königssohn nach der Überlieferung durch die Brüder Grimm und anderer Dichter herumzuschlagen hatte, ebenfalls nicht. Das alte »lint« war einfach nur ein anderes Wort für »Drache« und für »Wurm«, man meinte damit ursprünglich alles, was sich kriechend fortbewegt: Maden, Raupen, Schlangen und eben auch Drachen. Der Lindwurm ist also doppelt-gemoppelt: Drachendrache.

Maulaffe: → Siehe Kapitel Menschen und Gefühle.

Maultier:

Maultiere haben ihren Namen wegen ihres auffälligen Mauls.

Meinst du, die ließen sich bewegen,
auf meinem Flug mir munter nachzuschwingen?
Eh das von meinem Maultier würd ich hoffen.
(Kleist: »Die Hermannsschlacht«)

Maultiere gelten als störrisch, doch diese Eigenschaft hat ebenso wenig etwas mit ihrem großen Maul zu tun wie ihr Name. Die Kreuzungen aus Pferdestute und Eselhengst heißen so, weil ihr Name aus dem Lateinischen entlehnt ist, von »mulus« hergeleitet. In einigen Dialekten werden die Maultiere noch heute »Muli« genannt.

Maulwurf:

Der Maulwurf wirft mit dem Maul die Erde auf.

Brav, alter Maulwurf! Wühlst du hurtig fort? O trefflicher Minierer!

(Shakespeare: »Hamlet«)

Der Maulwurf hat seinen Namen vom althochdeutschen »moltewurf«. »Molte« bedeutet Erde, d.h. der Maulwurf wirft Erde auf (der alte Kern »Maul« steckt auch in den Wörtern »Müll« und »Mull«).

Falsch ist auch die These mancher Hobbygärtner, daß Maulwürfe die Wurzeln von Salaten fräßen: Maulwürfe leben vor allem von Insektenlarven, Engerlingen, Regenwürmern, gelegentlich auch von Aas. Vegetarisch essen sie nur in der allergrößten Not. Und falsch ist auch die Unterstellung Shakespeares, offensichtlich ein Maulwurfliebhaber, daß Maulwürfe nicht sehen könnten: »Ich flehe Euch an, tretet sanft auf, damit der blinde Maulwurf keinen Schritt hört (Pray you, tread softly, that the blind mole may not hear a foot fall)«, flüstert Caliban seinen Gefährten Stephano und Trinculo in »Sturm« auf dem Weg zu Prosperos Zelle zu. In Wahrheit können zumindest junge Maulwürfe gut sehen, erst bei älteren läßt das Sehvermögen mangels Übung nach.

Meerkatze:

Die Meerkatze ist eine Katze und lebt am Meer.

Meerkatzen sind Affen, keine Katzen, und leben auch nicht am Meer, sondern in den Wäldern und Savannen Afrikas. Ihren Namen hatten sie schon in althochdeutscher Zeit in Anlehnung an ihren lateinischen Namen »mercata« bekommen. Als Katzen wurden sie bezeichnet, weil sie etwa so groß sind wie diese, das

Meer kam hinzu, weil sie über dasselbe aus Afrika nach Europa gebracht wurden.

Meerschweinchen:

Meerschweinchen haben etwas mit Meer und Schwein zu tun.

Der gleiche Irrtum in grün: Meerschweinchen leben weder am oder im Meer, noch sind sie Schweine. Sie geben zwar Laute von sich, die an das Quieken junger Schweine erinnern, sind aber Nagetiere, die aus Südamerika übers Meer gekommen sind. Das Wort »merswin« ist schon vor rund tausend Jahren belegt, mit »Meerschwein« wurden aber bis ins 19. Jahrhundert die Delphine bezeichnet, die als »porcus marinus« bekannt waren. Der deutsche Name »Meerschwein« ist eine Übersetzung aus dem Lateinischen.

Mehltau:

Mehltau kommt von Mehl und Tau.

Der Mehltau leitet seinen Namen von dem alten »miltou« ab, dessen erste Silbe von »melit« = Honig stammt (auf Englisch heißt Mehltau »mildew«). Allerdings könnte man bei von Mehltau befallenen Pflanzen durchaus auch an Mehl denken: »Das Schadbild des Echten Mehltaus zeigt einen weißlich-grauen Belag an allen Pflanzenteilen, sowohl an der Blattoberseite wie auch an deren Unterseiten. Die betroffenen Pflanzenteile werden welk und sterben ab. Der Echte Mehltau ist ein Pflanzenparasit, der außerhalb der Pflanze lebt.« (»Der kleine Hausgärtner«)

Mohrrübe:

Die Mohrrübe heißt so, weil sie aus dem Land der Mohren stammt.

Die Mohrrübe ist keine Mohrenrübe, sondern eine Möhrenrübe oder Möhre. Dieser Name hängt vielleicht mit Morchel zusammen, denn dieser Schlauchpilz und die Wurzel der Möhre sind sich von der Form her sehr ähnlich.

Murmeltier:

Die Murmeltiere haben etwas mit Murmeln zu tun.

Er legte sich zu Bett und schlief wie ein Murmeltier, bis es zur Kirche läutete. (Gottfried Keller: »Die Leute von Seldwyla«)

Ob die Murmeltiere, wie Gottfried Keller zu glauben scheint, besonders fest schlafen, ist nicht bewiesen. Sicher ist aber, daß sie nicht murmeln (und auch nicht mit Murmeln spielen). Der Name dieser mit den Eichhörnchen verwandten Hochgebirgstiere geht auf das alte »murmenti« zurück, das wiederum aus lateinisch »mus (Genitiv muris) montanus« = Bergmaus entstanden ist. Ihr Winterschlaf dauert bis zu acht Monaten, daher die Redensart »schlafen wie ein Murmeltier«.

Nachtigall:

Nachtigallen singen nachts.

Denn eine Nachtigall, welche die ganze Nacht unermüdlich vor dem Hause sang, hatte ihn draußen geweckt und die kühle, der Morgenröte vorausfliegende Luft in die wärmere Stube getrieben.
(Joseph v. Eichendorff: »Ahnung und Gegenwart«)

Nachtigallen singen tags wie nachts. Jedoch fällt ihr Gesang nachts mangels Konkurrenz viel stärker auf. Außerdem: Sollte ein Leser das »gal« in Nachtigall mit unserer Galle in Verbindung bringen: gal kommt von dem alten »galen« = singen.

Nilpferde:

Nilpferde sind Pferde.

Nilpferde sind Schweine, keine Pferde. Das Nilpferd (auch Flußpferd oder Hippopotamus) ist wie unser Hausschwein ein sogenannter Paarhufer und bildet mit diesem die Unterordnung der Nichtwiederkäuer (Nonruminatia); Pferde sind Unpaarhufer und gehören zur gleichen Ordnung wie die Nashörner und Tapire.

Ohrwurm:

Ohrwürmer sind Würmer.

Ohrwürmer sind Insekten, keine Würmer. Auch der Ohrwurm im Sinn eines Liedes, das uns nicht mehr aus dem Kopf geht, wird oft falsch gedeutet. Er hatte nämlich ursprünglich nichts mit Musik zu tun. Würmer wurden in der Spätantike getrocknet und zerstoßen als Heilmittel gegen Ohrenkrankheiten verwendet. Später wurde das Wort nicht mehr verstanden und deshalb mit den angeblich krankheitsverursachenden Ohrwürmern der antiken Medizin identifiziert. Man glaubte, die Ohrwürmer würden ins Gehirn kriechen. Das erklärte man Kindern, wenn sie Ohrenschmerzen hatten. Deswegen, so warnte man, müssen die Ohren vor Ohrwürmern geschützt werden. Die würden sich nämlich gerne dort verstecken und das Trommelfell zerkneifen.

Mit Musik hat den Ohrwurm erst Paul Lincke in Verbindung gebracht. Er soll 1897 die noch heute gern gesungenen Melodien seiner Operette »Frau Luna« als Ohrwürmer bezeichnet haben (»Das ist die Berliner Luft, Luft, Luft ...«).

Pleitegeier: → **Siehe Kapitel Geld und Gut.**

Präriehund:

Präriehunde sind Hunde.

Präriehunde (französisch »petit chien«) sind Murmeltiere; sie leben vor allem in Nordamerika und heißen wegen ihrer bellenden Warnlaute auch »barking squirrels«.

Rappen: → **Siehe Kapitel Geld und Gut.**

Rebhuhn:

Das Rebhuhn hat seinen Namen von den Reben.

Nimm 6 Rebhühner, schneide ihnen die Köpfe mit dem Halse und den Federn weg und bewahre diese gut auf.

(Marie Rosnack: »Stettiner Kochbuch«)

Der Fasanenvogel namens Rebhuhn hat seinen Namen von seiner dunkelbraunen Oberseite und seinem rötlich-braunen Schwanz. Das »Reb« in Rebhuhn ist eine untergegangene Farbbezeichnung für scheckig oder braun. Ein Rebhuhn ist also ein braungeschecktes Huhn.

Ringelnatter:

Eine Ringelnatter heißt so, weil sie sich ringelnd fortbewegt.

Ob die Ringelnatter ihren Namen nach ihrer Fortbewegungsart erhalten hat, ist unsicher. Sie bewegt sich nämlich eher schlängelnd wie ihre anderen Artgenossen auch. Vermutlich kommt ihr Name von den auf ihrer Haut verstreuten schwarzen, kreisförmigen Flecken (= Ringeln).

Schachtelhalm:

Schachtelhalme sind verschachtelt.

Es rauscht in den Schachtelhalmen, verdächtig leuchtet das Meer.

(Joseph Victor von Scheffel: »Gaudeamus«)

Die Halme des Schachtelhalms wirken in ihrer Verzweigung durchaus verschachtelt. Ihren Namen hat diese Unkrautpflanze aber von »Schaft« und dem oberdeutschen »schaftel«, weil ihr Stiel in einer Art Tülle oder Schaft zu stecken scheint. Vielfach wird der Schachtelhalm daher auch Schaftelhalm genannt.

Schattenmorelle:

Schattenmorellen brauchen Schatten.

Diese Sauerkirschenart braucht alles andere als Schatten. Ihren Namen hat sie vermutlich von »Chateau Moreille«, wo sie zuerst gezüchtet wurde. Vielleicht leitete sich das Wort Morelle (englisch morello, italienisch amerello) aber auch vom lateinischen »amarus« = bitter ab.

Schmeißfliege:

Die Schmeißfliege hat etwas mit schmeißen zu tun.

Über die Fähigkeit, etwas zu werfen oder zu schleudern, verfügt die Schmeißfliege ganz sicher nicht. Vielleicht wird sie selbst des öfteren mit allem möglichen beworfen. Aber ihren Namen hat sie wohl von dem Fäkalwort Scheiße, das durch das m in der Mitte leicht veredelt worden ist. Entweder werden die Eier der Fliege selbst als Kot (= Scheiße) angesehen, oder die Fliege heißt so, weil sie sich häufig auf ebensolcher Materie niederläßt. Das Wort »Geschmeiß« - ähnlich gebildet wie die Schmeißfliege - bezeichnet den Kot und die Eier von Fliegen. Es wurde dann zu einer Bezeichnung für kleine Insekten.

Schmetterling:

Schmetterling kommt von schmettern.

Schmetterlinge haben ihren Namen von »schmetten«, einer südostdeutschen Bezeichnung für Sahne, Rahm. Eine Erklärung besagt, Schmetterlinge setzten sich gerne auf Töpfe, die Milch oder Sahne enthalten. Nach einer anderen Lesart beruht das Wort auf dem volkstümlichen Glauben, Hexen verwandelten sich in Schmetterlinge, um Rahm oder Sahne zu stehlen. Die englische Bezeichnung für Schmetterling lautet »butterfly« = Butterfliege. Landschaftlich werden die Insekten auch bei uns Butterfliege genannt, in einigen Gegenden heißen sie Milchdieb.

Schmierfink:

Schmierfinken sind schmierig.

Ein Schmierfink mag auf seine Umgebung schmierig, schmutzig wirken. Sein Name hat aber nichts mit Dreck zu tun, sondern geht auf schmieren im Sinn von »unsauber schreiben, sudeln« zurück. Schmierfinken können auch Bänke, U-Bahnen oder Wände beschmieren, in erster Linie betätigen sie sich aber in der schreibenden Zunft, beispielsweise, indem sie Texte für Schmierenblätter schreiben.

Schnapsdrossel:

Eine Schnapsdrossel hat etwas mit Drosselvögeln zu tun.

Das könnte man meinen, wenn man an den »Schluckspecht«, den gierigen Vogel denkt, der alles herunterschluckt, was ihm vor den Schnabel kommt. Aber eine Schnapsdrossel, im Sinn eines versoffenen Menschen, ist kein Schnapsvogel, sondern eine

Schnapskehle, abgeleitet von dem alten und mit dem gleichnamigen Vogel nicht verwandten »Drossel« für die Kehle, das auch in »erdrosseln« oder in dem Namen »König Drosselbart« steckt.

Schwein:

Das Schwein in »Das kann kein Schwein lesen« hat etwas mit Borstenvieh zu tun.

Das Schwein in »Das kann kein Schwein lesen« hat seinen Namen von einer Familie Swyn. Die wohnte im Dithmarschen und bestand aus durchaus angesehenen und klugen Leuten. Hatte selbst ein Swyn Probleme mit dem Entziffern eines Schriftstücks, so hieß es bei den Bauern: »Dat kann keen Swyn lesen«, daraus ist dann unser populärer Spruch entstanden.

Die Redensart: »Der (oder die) hat Schwein gehabt« im Sinne von »Glück gehabt« geht dagegen tatsächlich auf unser Borstenvieh zurück, nämlich auf einen Brauch bei Schützenfesten, dem schlechtesten Schützen als Spottpreis ein Ferkel zu überreichen.

→ Siehe auch **Affenschande** im Kapitel *Menschen und Gefühle.*

Schweinigel:

Ein Schweinigel ist ein schweinischer Igel.

In seiner Kammer bedachte sich Jobst aber noch wohl, ob er das Hemd oder das Vorhemdchen auch wirklich anziehen wolle, denn er war bei aller Sanftmut und Gerechtigkeit ein kleiner Schweinigel, oder ob es die alte Wäsche noch für eine Woche tun müsse und er bei Hause bleiben und noch ein bißchen arbeiten wolle.

(Gottfried Keller: »Die Leute von Seldwyla«)

Viele halten den Schweinigel für eine Zusammenfassung von Schwein und Igel, aber damit haben sie nur, wie auch von Gottfried Keller vorgeführt, bezüglich des ersten Wortes recht. Der Igel in Schweinigel ist dagegen eine Verformung von »Nickel«, der Bezeichnung für einen groben, unerzogenen Menschen. Ein Schweinigel ist also kein schweinischer Igel, sondern ein grober und zu allem Überfluß oft auch noch schweinischer Mensch.

Lebendiger See-Hund aus dem Phocas-Geschlechte.

Mit allerhöchster Bewilligung
habe ich die Ehre dem hohen Adel und verehrungswürdigen Publikum anzuzeigen,
daß ich mit einem
lebendigen See-Hund
aus dem
Phocas-Geschlechte
von Livorno hier angekommen, und die hohe Gnade hatte von Ihro Majestät dem König und der Königin von Baiern, und der gesammten Königlichen Familie sowohl im Schloße zu Nymphenburg, als auch zu München allen Beyfall zu erhalten.

Das Thier ist 6 Schuh lang und wiegt 250 Pfund; es hat zwey Schnauzen am Maule, zwey Händchen am Vorderleibe, mit fünf Fingern, die mit Nägeln so wie mit Gliedern, deren Zusammenfügungen wie beim Menschen gebildet versehen sind. Sein Leib ist mit einem feinen Haare, wie Sammet anzufühlen, bedeckt, und theilt sich am Ende in drey Schwänze.

Besonders merkwürdig ist die Folgsamkeit und der Verstand dieses seltenen Thieres: Es kömmt zu seinem Herrn auf dessen Ruf, biethet ihm nach Befehl das linke oder rechte Händchen, küßt ihm die Hand, und kehrt sich auf verschiedene Seiten; seine Augen sind ausnehmend schön; er läßt auch, obschon seiner Freyheit beraubt, noch vielen Stolz blicken. Sein Herr thut mehrere Fragen an ihn, von denen er die einen beantwortet, andere nicht, besonders wenn er ihn frägt, ob er einen Vater habe, erwiedert er mit vernehmlicher Stimme, Papa. Dieses lehrte ihn sein Herr in sieben Monaten.

Seine Nahrung besteht täglich in 30 Pfund lebendiger Fische.

Zum Beschluß umarmt er seinen Herrn, macht einen Purzelbaum, und grüßt die Zuschauer.

Der Schauplatz ist

Er ist alle Tage, Morgens von bis 12 Uhr, und Abends von bis 7 Uhr zu sehen.

Der Eintritt ist für erwachsene Personen

Kinder bezahlen

Seehund:

Seehunde sind Hunde.

Die Seehunde sind natürlich keine Hunde (das hätte auch niemand geglaubt, obwohl sie so schön heulen können), sondern Robben, aber auch ihr Name hat mit Hunden nichts zu tun. Vielmehr leitet sich der Name Seehund von dem alten »sélhunt« ab.

Im Englischen heißt der Seehund auch heute noch ganz altertümlich »seal«. Dieses Wort hinwiederum bedeutet auch »Siegel«, und aus dieser Wortgleichheit hat der amerikanische Humorist James Thurber eine hübsche Geschichte gemacht: Ein Seehund las in einem Buch eine Bemerkung über »The Great Seal of the United States« und dachte, mit dem »Großen Seehund« sei er selber gemeint. Daraufhin wurde er ungeheuer eingebildet, verlernte das Schwimmen und ertrank.

Über die Herkunft von »sél/seal« streiten sich die Gelehrten. Sie knobeln noch, ob die sehr alten Wörter »selk« = ziehen oder »sel« = schleichen im Seehund stecken. Sehr einleuchtend scheint angesichts der schnellen Schwimmer keine der beiden Erklärungen zu sein.

Seelachs:

Der Seelachs ist ein Lachs.

Der Seelachs gehört zur Ordnung der Dorschfische (andere Fische dieser Ordnung sind der Stockfisch, der Schellfisch und der Kabeljau) und heißt mit wahrem Namen »Köhler«, wegen seines schwarzen Kopfes. Dorschfische haben bis zu drei Rückenflossen, eine Bauchflosse an der Kehle und vergleichsweise weiches Fleisch: deshalb beenden viele ihren Lebensweg als Massenware oder Fischfilet.

Lachsfische dagegen haben ein eher festes Fleisch, eine sogenannte Fettflosse zwischen Schwanz und Rücken, und keine Flosse an der Kehle. Sie sind als Speisefische ungleich begehrter, und das erklärt vielleicht, warum der Fischhandel so konsequent ein Exemplar der Ordnung Dorschfische zu Lachsen machen will.

ein typischer Dorschfisch

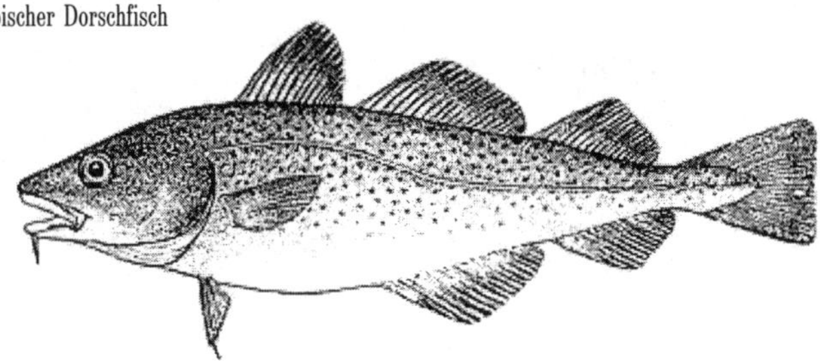

ein typischer Lachsfisch

Silberfischchen:

Silberfischchen sind kleine Fische.

Die Silberfischchen haben mit Fischen nichts gemein und gehören trotz ihres niedlichen Namens zu den eher ungeliebten Tieren. Sie sind mit silbrigen Schuppen bedeckte kleine Insekten, die die Feuchtigkeit und das Dunkel lieben und sich gerne in Badewannen niederlassen.

Tausendfüßler:

Tausendfüßler haben tausend Füße.

Tausendfüßer oder Tausendfüßler hießen zwar auch schon bei den Römern »millepeda« = Tausendfüßer, verfügen aber nur über 18 bis höchstens 680 Füße.

Trampeltier:

Trampeltiere trampeln.

... so sprach zum biedern Trampeltier einst das Kamel.

(Gottlieb Konrad Pfeffel: »Fabeln«)

Schwerfällige Menschen, die mit plumpen Schritten daherkommen, werden gern als Trampel oder Trampeltiere bezeichnet. Damit tun wir den echten Trampeltieren, den bekannten Kamelen mit zwei Höckern, aber Unrecht, da sie eine eher grazile Gangart pflegen.

Das »Trampel« in Trampeltier ist aus Dromedar entstanden, dem einstigen Namen für Kamele überhaupt. Noch im 16. Jahrhundert hießen in Deutschland alle Kamele Trampeltier. Heute sind mit »Dromedar« allein die einhöckrigen Kamele gemeint, und die zweihöckrigen heißen weiter Trampeltier.

Unkenruf:

Unkenrufe haben etwas mit Kröten zu tun.

Man hört im Kraut des Käfers Gang,
Und dann wie ziehnder Kranichheere
Kling klang! von ihrer luft'gen Fähre,
Wie ferner Unkenruf: Kling! klang!

(Annette v. Droste-Hülshoff: »Die Jagd«)

Die Unkenrufer haben ihren Namen nicht von den Kröten, sondern von den Schlangen (früher meinte man mit »Unken« Schlangen). Das jammernde Unken der ewigen Schwarzseher hat also mehr mit dem Zischen der Schlangen als mit dem Quaken von Kröten gemein.

Vielfraß:

Der Vielfraß heißt so, weil er besonders viel frißt.

Unstreitig hat man sehr viel mehr vom Vielfraß zu erzählen gewußt, da er noch wenig gekannt war, als jetzt, da man ihn kennt.

(Lichtenberg: »Sudelbücher«)

Der Vielfraß frißt tatsächlich viel – kleine Vögel, Beeren, Aas, und was er sonst noch findet oder fängt. Und man kann sich sicher viel von ihm erzählen. Seinen Namen hat er aber von dem Norwegischen »fjeldfross« = »Bergkater«. Dieser Name ist dann im 15. Jahrhundert von hansischen Pelzhändlern zu Vielfraß umgedeutet worden (nach dem schon vor 900 Jahren bekannten zweibeinigen »filvfráz«, aus dem dann einige Jahrhunderte später ein »vilfraß« und heute unser »Vielfraß« wurde).

Vielliebchen:

Das Vielliebchen hat seinen Namen von »viel Liebe«.

Und sagte, während sie jetzt ihre Hand danach ausstreckte: »Nun wollen wir aber ein Vielliebchen essen, Herr Hauptmann; wo, wie hier, zwei zusammensitzen, da ist immer ein Vielliebchen.

(Theodor Fontane: »Der Stechlin«)

Das Vielliebchen, mit den zwei zusammengewachsenen Früchten und seiner Mandel mit zwei Kernen, ist in der Tat ein schönes Symbol für die Liebe und wird von Liebespaaren sehr geschätzt. Das Wort selbst ist aber eine Umdeutung aus dem französischen Namen Philippine, der auf Valentin zurückgeht. Der Valentinstag, der 14. Februar, wird besonders in England und den USA mit kleinen Liebesbräuchen begangen.

Waldmeister: → siehe Kapitel Essen und Trinken.

Walnuß:

Walnüsse sind Nüsse.

Walnüsse sind Steinobst, keine Nüsse. Die wissenschaftliche Botanik meint mit »Nüssen« Früchte, die aus einem einzigen, durch eine harte, stets geschlossene Schale geschützten Samen bestehen; diese Schale öffnet sich nicht wie bei der Walnuß von alleine, um den Samen in die Umwelt zu entlassen. Walnüsse sind aus Italien in unsere Gegenden gekommen; der Wortteil »wal« bedeutet welsch und läßt die Herkunft deutlich werden.

Walroß:

Walrosse haben etwas mit Walen oder Rössern zu tun.

Das Walroß ist kein Roß und auch kein Wal, sondern eine Robbenart. Das »Roß« im Namen des Tieres mit den langen oberen Eckzähnen geht wahrscheinlich auf ein althochdeutsches Wort »rosamo« – Röte – zurück. Walrosse sind von einer rötlichen bis rotbraunen Farbe.

Waschbär:

Waschbären waschen ihr Futter, um es zu reinigen.

Waschbären waschen überhaupt nichts – in der freien Natur kommt das Eintauchen von Gegenständen und Futter ins Wasser, dem der Waschbär seinen Namen verdankt, überhaupt nicht vor. Nur in Gefangenschaft »wäscht« der Waschbär, indem er seine angestaute Jagdlust auf Wasserlebewesen im »Waschen« von Gegenständen entlädt, die dann der potentiellen Beute aus dem Wasser ähnlich sehen.

Windhund:

Der Windhund läuft schnell wie der Wind.

Schnell ist der Windhund sicher. Seinen Namen hat er aber woanders her. Der Windhund ist ein »wendischer Hund«; mit der Vorsilbe »wint« war früher die Herkunft aus dem wendischen (= slawischen) gemeint.

Zimtzicke:

Eine Zimtzicke hat etwas mit dem Gewürz zu tun.

Die Ziege oder die Zicke muß oft als Schimpfwort für fiese (meist weibliche) Menschen herhalten. Das »Zimt« in der Ziege kommt aber nicht von dem gleichnamigen Weihnachtsgewürz; sondern von einer zweiten Bedeutung von Zimt – wertloses Zeug – wie in der Redewendung: »Was kostet der ganze Zimt?«, oder wie im obersächsischen »Mach keen Zimt!« (»Red nicht so dumm!«) »Zimmtig tun« bedeutet: Schwierigkeiten machen, sich zieren, vielleicht vermischt mit zimperlich. Gerhart Hauptmann schreibt in »Einsame Menschen«: »Käthel, nicht so zimmtig tun! Ich freß diech nicht auf.«

Im Rotwelschen bedeutete Zimt ursprünglich »Goldwaren, Geld«, was auf das westjiddische »simon« (Zeichen, Ziffer Null) zurückgeht.

Zitronenfalter:

Der Zitronenfalter hat etwas mit falten zu tun.

Die Zitronenfalter – wie auch andere Schmetterlinge – heißen Falter, nicht weil sie ihre Flügel oder irgendwelche Dinge – wie etwa gar Zitronen – falten, sondern weil sei flattern. Falter ist abgeleitet von mittelhochdeutsch »vivalter« und bedeutet »Flatterndes«. Die Zitrone ist dem Namen der Falter wegen ihrer gelben Farbe beigegeben worden.

4. Kapitel: Geld und Gut

Gewöhnlich glaubt der Mensch, wenn er nur Worte hört,
es müsse sich dabei doch auch was denken lassen.

Mephisto in Goethes »Faust«

Arabische Ziffern:

Die arabischen Ziffern stammen aus Arabien.

Die »arabischen« Ziffern 1, 2, 3, 4, 5, ... stammen ursprünglich aus Indien. Von dort sind sie mit den Arabern über Nordafrika und Spanien auch zu uns gekommen.

Zum erstenmal tauchen die indischen Ziffern in einer Schenkungsurkunde aus dem Jahr 595 auf (das Jahr 346 der indischen Zeitrechnung). Die Zahl 346 ist in dieser Urkunde folgendermaßen wiedergegeben:

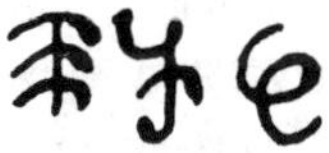

3 4 6

Bild Urkunde, Legende: Schenkungsurkunde auf Kupfer von Dadda III., gefunden in Sankheda in Nordwestindien

Von Indien verbreitete sich die Kunde von dieser Art zu zählen gen Westen; der arabische, im Mittelalter in Bagdad lebende Dichter al-Sathabi schreibt, daß es drei Dinge gäbe, deren die Inder sich rühmen dürften: ihr Schachspiel, ihr Buch »Calida wa Dimna« (eine Sammlung von Fabeln und Legenden), und ihre fortschrittlichen Rechenweisen. Nach al Sabhadi wurde damals in Bagdad mit Hilfe der folgenden Buchstaben, die er »indische Figuren« nannte, gerechnet und gezählt:

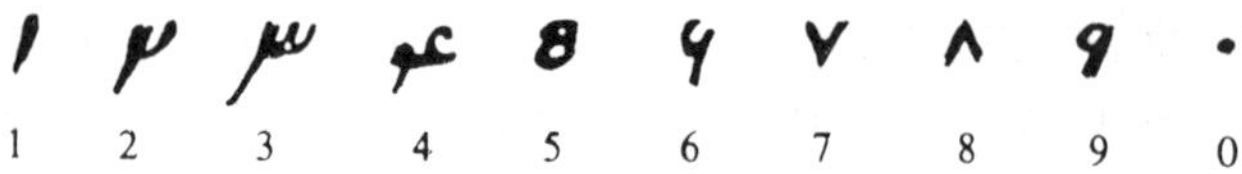

Der eigentliche Vorteil dieser »arabischen« verglichen mit den römischen Ziffern und all den anderen Zähl- und Rechensystemen, die es jemals auf der Erde gab, ist der, daß diese Symbole je nach Standort etwas anderes bedeuten: die 5 in 15 steht für 5, aber die 5 in 2523 steht für 5 mal 100 (denn: 2523 = 2 x 1000 + 5 x 100 + 2 x 10 + 3).

Dieser Gedanke steht auf einer Stufe mit der Zähmung des Feuers und der Erfindung des Rades – ohne ihn würden wir noch heute 27 mal 115 als XXVII mal CXV berechnen müssen. Ohne diese ebenso simple wie geniale Idee hätte es wohl keine moderne Physik oder Chemie, keine Raumfahrt, keine Herzschrittmacher und auch keine Atombomben gegeben.

Armbrust:

Die Armbrust kommt von Arm und Brust.

So machte sich zum Beispiel der Deutsche ehemals aus dem gehörten arcubalista das Wort Armbrust zurecht.

(Friedrich Nietzsche: »Jenseits von Gut und Böse«)

Die Armbrust ist – da hat Nietzsche recht – aus dem lateinischen »arcubalista« (= Bogenschleuder) über das altfranzösische »arbaleste« in die deutsche Sprache gekommen, dabei muß offenbar schon früh ein Bedürfnis bestanden haben, diesen seltsamen Silben irgendeinen Sinn zu geben. Der »Arm« kam wohl deshalb herein, weil diese Waffe anders als andere Wurf- und Schleudermaschinen in der Hand zu halten war.

Über die »Brust« dagegen streiten noch immer die Gelehrten: vermutlich kommt sie von dem mittelhochdeutschen »berust/berost« (= Ausrüstung, Bewaffnung). Um der gesamten Silbenfolge etwas mehr Sinn zu geben, hat deshalb der Aufklärer und frühe Literaturpapst Johann Christoph Gottsched (der Reich-Ranicki des 18. Jahrhunderts) das Kunstwort »Armrust« einzuführen versucht, aber diesem Plan war nicht viel Erfolg beschieden.

Benzin:

Benzin ist nach Carl Benz benannt.

Das wird vor allem in Deutschland gern geglaubt, denn schließlich hat Carl Benz ja das Automobil erfunden, und wenn schon das Fahrzeug nicht den Namen des Erfinders trägt, dann solle man allein schon aus historischer Pietät dem Kraftstoff, der das Fahrzeug antreibt, den Namen des Erfinders geben.

In Wahrheit hat das Benzin seinen Namen aber von »Benzoeharz«, dem einstigen Ausgangsstoff für die Benzingewinnung;

schon 1833 wurde es von dem deutschen Chemiker Alexander Mitscherlich so genannt.

Anders als wir machen die Franzosen hier noch einen Unterschied: Sie sagen »benzine« für den Rohstoff, und »essence« für den Kraftstoff, mit dem unser Auto fährt.

betucht:

Betucht kommt von Tuch.

Ein betuchter Mensch trägt sicher auch ein gutes Tuch, aber sein Beiwort hat er nicht von seiner Kleidung: Er oder sie hat Geld und lebt damit in gesicherten alias »betuchten Verhältnissen«, von dem jiddischen »betuche« = sicher.

→ Siehe auch **dufte**, **Nassauer** im Kapitel *Menschen und Gefühle*, sowie **Guter Rutsch** im Kapitel *Wirtschaft und Gesellschaft*.

Bleistift:

Bleistifte enthalten Blei.

Bleistifte enthalten keine Spur von Blei und haben niemals Blei enthalten. Der Name »Bleistift« geht vermutlich auf die runden Scheibchen Blei zurück, die man im Mittelalter und in der Antike zum Zeichnen benutzte. So beschreibt etwa der Schweizer Conrad Gesner 1565 ein Schreibwerkzeug, das aus einem Stück Blei in einer Holzhülle bestand. Oder aber der »Bleistift« hat seinen Namen von den im 12. Jahrhundert gerne von Künstlern verwendeten Silberstiften, die aus einer Legierung von Blei und Zinn bestanden.

Die »Bleistifte«, so wie sie etwa ab dem 17. Jahrhundert in Nürnberg von Friedrich Städler hergestellt wurden (der deshalb mit der Schreinerzunft in Schwierigkeiten kam, die das Monopol für Holzverarbeitung beanspruchte), enthielten aber niemals Blei, sondern von Anfang an Graphit, rund 100 Jahre früher im englischen Cumberland entdeckt und schon bald als Schreibstift in ganz Europa sehr beliebt. Im 18. Jahrhundert gelang es Caspar Faber aus Stein bei Nürnberg, das gemahlene Graphit mit Schwefel, Antimon und Harzen derart zu vermischen, daß die Stifte weder bröckelten noch brachen, und im Jahr 1795 erhielt der französische Mechaniker Conté ein Patent auf einen Stift aus Graphit und Ton. Nach diesen Prinzipien entstehen »Bleistifte« auch heute noch.

→ Siehe auch **Griffel** weiter unten im gleichen Kapitel.

Blüten:

Blüten im Sinn von »Falschgeld« haben etwas mit Blumen zu tun.

Der aus der Gaunersprache kommende Ausdruck »Blüten« für Falschgeld kommt nicht aus der Botanik; er ist aus dem alten »blede« (auch blete, bleite) = Goldstück abgeleitet. Mitte des 19. Jahrhunderts wurden damit polierte Pfennige bezeichnet, die man anderen Leuten als höherwertige Münzen unterschob, später kam dann die Bedeutung »gefälschte Banknoten« dazu.

Nochmals eine andere Bedeutung haben »Blüten« im Amtsdeutsch unserer Polizei. Die »Richtlinien für den Nachrichtenaustausch bei Falschgelddelikten« des Hessischen Landeskriminalamtes von 1985 stellen klar: »Blüten sind Abbildungen/Nachahmungen von Banknoten, die ein- oder zweiseitig bedruckt sind, oft abweichende Druckbilder aufweisen und nach dem Willen des Herstellers nicht als Zahlungsmittel verwendet werden sollen.« Also: Blüten werden bei Monopoly verwendet, falsche Hunderter dagegen sind keine Blüten, sondern einfach – Falschgeld.

→ Siehe auch **Schrot und Korn** im gleichen Kapitel weiter unten.

Boutique:

Boutiquen sind eine französische Erfindung.

Ebenso machten es die Seelenverkäufer; sie machten ihre Boutiquen auf, hängten ihre Seelen an Nägeln heraus, stellten Laternen dazu und verkauften da manche Seele.

(Clemens Brentano: »Das Märchen vom Schneider Siebentot auf einen Schlag«)

Zumindest der Name dieser Modegeschäfte war in Deutschland, wie wir bei Clemens Brentano sehen, schon lange vor dem Siegeszug der französischen Couture zuhause. Die alten Budiken/Butiken gehen auf die griechische »apotheke« zurück, das heißt Lager, Speicher oder Magazin, und die gibt es in Deutschland unter diesem Namen schon seit einigen hundert Jahren.

Allerdings hat es dabei einen zweifachen Wandel der Bedeutung gegeben. Auf der einen Seite hat sich der griechische Ursprungsbegriff immer mehr auf Arzneimittelhandlung verengt, so wie er in der heutigen Apotheke weiterlebt. Auf der anderen Seite ist die ursprüngliche griechische »apotheke« im Sinne von Budike zusehends zu einer miesen Kneipe, einem »Schnapsladen« verkommen. Erst in jüngerer Zeit wurde dann die Boutique als Bezeichnung für elegante kleine Läden aus dem Französischen reimportiert und der Begriff damit auch wieder aufgewertet.

→ Siehe auch **schick** im Kapitel *Menschen und Gefühle*.

Bückware:

Nach der Bückware müssen sich die Kunden bücken.

Bückware kommt von »bücken«, weil das oft die billigen Produkte seien, die in den Regalen der Supermärkte immer unten lägen. Aber diese Deutung ist korrekt. Die Bückware war eine Besonderheit des Handels und Wandels in der DDR. Alles, was im täglichen Warenangebot knapp und daher besonders begehrt war, lag unter dem Ladentisch. Wenn der Verkäufer dem Kunden wohlgesonnen war, bückte er sich und holte die begehrten Dinge aus dem Versteck hervor. Der Preis der Bückware war oft nicht der handelsübliche, sondern höher. Bückware war also nicht billig, sondern teuer, und wer sich bückte, war nicht der Kunde, sondern der Verkäufer.

Dachstuhl:

Ein Dachstuhl hat etwas mit Stühlen zu tun.

Der »Stuhl« in Dachstuhl (wie auch in Glockenstuhl oder Webstuhl) ist keine Sitzgelegenheit, sondern ein Gestell, auf dem etwas anderes ruht. So, wie es die Dachhaut auf dem Dachstuhl tut.

Dudelsack:

Dudelsäcke kommen aus Schottland und heißen so, weil man mit ihnen dudelt.

Der Dudelsack stammt erstens nicht aus Schottland, sondern aus Asien und Nordafrika; außer in Schottland ist er als »Sackpfeife« seit langem auch sonstwo in Europa zuhause. Zweitens hat sein Name nur über Umwege etwas mit dudeln (= einförmige

Klänge erzeugen) zu tun. Vielmehr ist das »Dudel« im Dudelsack von dem türkischen »dükdük« = Pfeife abgeleitet.

Vielleicht hat das Wort »dudeln« dann seinerseits seinen Ursprung in dem Dudelsack. Vielleicht ist es aber auch nur einfach lautmalend gebildet.

Elfenbein:

Das Elfenbein hat etwas mit Elfen zu tun.

Das Elfenbein ist eigentlich das »helfantbein«, nach dem mittelalterlichen Namen »helfant« für Elefant, der wiederum aus dem griechischen »elephas« abgeleitet ist. Mit »helfant« bezeichnete man ursprünglich sowohl den Elefanten wie auch dessen begehrten Zahn. Um die Lutherzeit hat das »helfantbein« sein h verloren und wurde dann zu Elfenbein.

Die Nähe zu den Elfen entstand vermutlich durch die feinen Schnitzereien und zarten Gebrauchsgegenstände wie Zahnstocher, Brieföffner oder Billardkugeln, die aus Elfenbein verfertigt wurden. Die Schönheit des Elfenbeines rühmt schon das biblische Hohe Lied: »Dein Hals ist wie ein elfenbeinerner Turm.« (7,5)

Heute ist der »Elfenbeinturm« ein Symbol der Isolation und der Handel mit dem Elfenbein verboten, um die Elefanten vor der Ausrottung zu schützen.

Felleisen:

Felleisen kommt von Fell und Eisen.

Der Fremde legte seine Reisemütze und seinen Mantel ab, unter dem er ein Felleisen und ein Kistchen trug. (E.T.A. Hoffmann: »Ignaz Denner«)

Dieses Gepäckstück hat mit Fell und Eisen nichts zu tun. Der Name kommt von dem französischen »valise« (Koffer oder Reisegepäck) und von dem arabischen »waliha« (Getreidesack), und bezeichnet im Deutschen eine Reisetasche oder einen Reisesack. Im Mittelalter hieß das Stück »velise«, Mehrzahl »velisen«. Diese Mehrzahl wurde in die Einzahl umgedeutet, aus »die velisen« ist »das Felleisen« geworden.

Flötengehen:

Das Flötengehen leitet sich von der Flöte her.

Der Rattenfänger von Hameln ist berühmt geworden, weil er flöten ging: Er verschwand mit der ganzen Schar von Kindern, die ihm hinterherliefen, auf Nimmerwiedersehen (oder auch nicht; siehe dazu den einschlägigen Stichwortartikel in W. Krämer und G. Trenkler: »Lexikon der populären Irrtümer«).

Im heutigen Sprachgebrauch hat das Flötengehen aber nichts mit Musik zu tun. Was flöten geht, geht zwar auch verloren, aber die Vorstellung, dahinter steckten die verhallenden Laute einer Flöte, ist vermutlich falsch. Über die wahren Quellen dieser Redewendung gibt es verschiedene Ansichten. Erstens könnte »Flöte« eine Umdeutung des jiddischen »plete« sein, das auch als »pleite« in die deutsche Sprache eingegangen ist. Ein Flötengehen wäre damit ein Pleitenmacher. »Flöte« ist aber auch ein rotwelscher Ausdruck für Gefängnis oder Krankenhaus, der möglicherweise als beschönigende Bezeichnung aus dem alten »bloede« – gebrechlich, schwach – hervorgegangen ist. Damit wäre das Flötengehen also als ein Abschied Richtung Gefängnis oder Krankenhaus zu sehen. Und eine dritte Deutung appelliert an das niederdeutsche »dat is fleuten gahn«. Das ist flötengegangen hieße dann: das ist davongeflossen, davongeschwemmt«

(»fleuten« = fließen). In allen Lesarten ist die Bedeutung aber gleich: Was flötengegangen ist, ist unwiderruflich dahin.

Griffel:

Der Griffel kommt von greifen.

»Greif zum Griffel und schreib das auf!« Hier neigt der Griffel eindeutig zum Greifen. Aber seinen Namen hat der Griffel eher vom Schreiben, vom lateinischen »graphium« = Schreibstift, der wiederum vom griechischen »graphein« = schreiben abgeleitet ist.

Vielleicht ist über das alte deutsche »grifan« = greifen dann doch noch ein leichtes Zupacken in den Griffel hineingeraten: grifan + graphium = Griffel.

→ Siehe auch **Bleistift** weiter oben im gleichen Kapitel.

Grünspan:

Grünspan hat etwas mit Spänen zu tun.

Seit Menschengedenken ist niemand in dieses Haus hinein- und niemand herausgegangen; der schwere Messingklopfer an der Haustür ist fast schwarz von Grünspan.

(Theodor Storm: »Bulemanns Haus«)

Das giftige Kupfer- oder Messingoxyd namens Grünspan ist zwar grün, aber der zweite Wortteil ist aus lateinisch »hispanicum« (spanisch) entstanden: Grünspan bedeutet »Spanischgrün«, so wie es früher als Pigment in der Malerei verwendet wurde.

Grünspan wird oft mit Patina verwechselt, daher die Nähe zu den Spänen: »Das hat ja schon Grünspan angesetzt«, d.h. das sieht ganz alt aus, es blättern schon die ersten Späne ab.

Handy:

Handy ist ein englisches Wort.

Funktelefone heißen auf Englisch »mobile(phone)«. Die Hand im Handy wird zwar englisch ausgesprochen, das Wort ist aber dennoch eine rein deutsche Erfindung. Die zuweilen in deutschen Restaurants zu lesende Mahnung »no handies please« wird von keinem Engländer verstanden.

→ Siehe auch **Smoking** weiter unten im gleichen Kapitel und **Standing ovations** im Kapitel *Menschen und Gefühle*.

Hängematte:

Hängematte kommt von »hängende Matte«.

Die »Hängematte« leitet sich von dem indianischen »hamaca« ab – so nannten die Indianer auf Haiti ihre zwischen Bäume aufgespannten Schlaf- und Ruhenetze. Die Mayas verwendeten die Hängematte auch als Sänfte.

Wegen ihres geringen Platzbedarfs wurden diese indianischen »hamacas« dann auf den Segelschiffen der Europäer sehr beliebt, und haben sich so auch außerhalb Amerikas verbreitet. In Deutschland hießen sie im 16. Jahrhundert »hamaco«, im Niederländischen wurden Sie »hangmak« genannt, und von dort ist dann der Name »Hängematte« in die deutsche Sprache eingegangen.

Auf Englisch heißt Hängematte »hammock«, auf Französisch »hamac«.

Heiermann: → **siehe Kapitel Wirtschaft und Gesellschaft.**

Kamellen:

Die Kamellen in »olle Kamellen« sind aus alten Bonbons abgeleitet.

Olle Kamellen, im Sinn von »altbekannte Sachverhalte, uninteressante Nachrichten« kommen von »alten Kamillen«. Diese Kräuter verlieren durch langes Lagern ihre Wirkung, genauso wie Nachrichten durch langes Lagern ihren Neuigkeitsgehalt.

Karfunkel:

Karfunkel funkeln.

Und vor allem blitzte da der Karfunkel, der fabelhafte Edelstein, wovon die romantischen Poeten damals soviel gesagt und gesungen.

(Heine: »Die romantische Schule«)

Der als Karfunkel bekannte rot leuchtende Edelstein funkelt tatsächlich, was seine letztendliche Namensgebung mit beeinflußt haben mag. Aber seinen ursprünglichen Namen hat er von »karbunkel«, von lateinisch »carbunculus« = kleine Kohle (diese Verkleinerungsform von carbo – Kohle – steht in der Medizin noch heute für gewisse Sorten von Geschwüren).

Wie und wann aus dem »bunkel« ein »funkel« geworden ist, weiß heute niemand mehr genau. In der Edelsteinbranche jedenfalls ist der Karbunkel aber schon vor 700 Jahren zum Karfunkel geworden (vielleicht durch das Gleichsetzen von Kohle = glühen = funkeln).

Kasack:

Der Kasack kommt aus Kasachstan.

Der als Kasack bekannte locker fallende Kittelrock ist keine Erfindung der Kasachen, sondern der Hebräer. »Casoc« ist das hebräische Wort für »Rock«. Mit seiner einfachen Schnittform zieht sich seine Spur durch alle Jahrhunderte, Kontinente und Bevölkerungsschichten. Zuletzt wurde er in den 60er Jahren des vergangenen Jahrhunderts zum letzten Schrei, als er von der modebewußten Damenwelt als Hängerkleid in Minilänge zu langen Hosen getragen wurde.

Kasserolle:

In der Kasserolle werden die Speisen gerollt.

Der Name dieses flachen Schmortopfes mit Stiel leitet sich von einem französischen Mundartwort »casse« - Pfanne - und dessen Verkleinerung, der »casserole« her. Eine Kasserolle ist also eine kleine Pfanne. Landschaftlich heißt dieses Gefäß auch »Kasserol«.

Kette: → **Siehe Kapitel Fauna und Flora.**

Knickerbocker:

Knickerbocker haben einen Knick.

Die als »Knickerbocker« bekannte Kniebundhose hat weder eine Bügelfalte noch sonst einen besonderen Knick. Ihr Name geht auf Jansen Knickerbocker, einen Romanhelden von Washington Irving (1783-1859) zurück, der in dem Buch »Humorous History of New York« (1809) die ersten aus Holland stammenden Siedler mit ihren typischen Schlumperhosen beschreibt, deren Weite unterhalb des Knies zusammengebunden wurde und damit dem Kleidungsstück seine leicht beutelförmigen Hosenbeine gab.

→ Siehe auch **Kummerbund** im gleichen Kapitel.

Kreditkarte:

Mit einer Kreditkarte kauft man auf Kredit.

Alles, was wir mit einer Kreditkarte bezahlen, wird von unserem Konto abgebucht. Der falsche Eindruck eines Kredits entsteht wegen der in der Regel monatlichen Abrechnung. Aber diese besondere Form der Rechnungsstellung wird schon durch die Gebühr abgegolten, die für die Kreditkarte zu entrichten ist (entweder von uns selber oder von den Kaufleuten, die uns ihre Waren »gegen Karte« überlassen).

→ Siehe auch **Arbeitgeberbeitrag** im Kapitel *Wirtschaft und Gesellschaft*.

Kreisel:

Ein Kreisel heißt so, weil er kreist.

Das als Kreisel bekannte Kinderspielzeug hieß früher Kräusel, vermutlich nach dem alten »kruse« = Topf. Denn das Gehäuse für den Mechanismus, der durch kräftiges Drücken auf einen oben herausragenden Knopf den Kreisel erst zum Drehen bringt, sieht einem Topf tatsächlich ähnlich.

Kröte:

»Ein paar Kröten« steht für »wenig Geld«, weil Kröten ver gleichsweise wertlos sind.

Die »Kröten« in den »paar Kröten« kommen nicht von den Tieren gleichen Namens, sondern von »Groschen« oder »Groten«. »Ein paar Kröten« heißt also »Ein paar Groschen«, und weil Groschen auch schon früher nicht viel galten, sind »ein paar Kröten« das gleiche wie: sehr wenig Geld.

Kümmelblatt:

Das Kümmelblatt hat seinen Namen von der Pflanze namens Kümmel.

Wer beim Kartenspielen ein Kümmelblatt – ein wenig attraktives Blatt – bekommt, sollte dabei nicht an Kümmel denken. Das Kümmelblatt hat seinen Namen vom dritten Buchstaben des hebräischen Alphabets, dem Gimel. Kümmelblätter waren früher Kartenspiele, die auf einem Spiel mit drei Karten pro Spieler basierten.

→ Siehe auch **Kümmeltürke** im Kapitel *Wirtschaft und Gesellschaft*.

Kummerbund:

Männer mit einem Kummerbund haben Kummer mit ihrer Figur.

Mag sein, aber die als »Kummerbund« bekannte, von Frackträgern um den Bauch geschlungene Schärpe hat mit Kummer nichts zu tun; sie hat den Namen vom persischen »hamarband« = Hüftgürtel und heißt auch im englischen »cummerbund«.

James Bond z.B. trug seinen Smoking niemals ohne Kummerbund; der Smoking-Anzug mit Kummerbund, den er 1971 in »Diamantenfieber« getragen hatte, wechselte 1999 bei Christie's für 30.000 Dollar den Besitzer.

Der klassische Kummerbund ist schwarz mit schwarzer Schleife, genauso wie der Smoking, zu dem er gehört. Aber »die Modedesigner experimentieren gerne mit dem Klassiker und verleihen ihm durch gemusterte Stoffe für Kummerbund und

Schleife, durch Stickelemente oder Applikationen eine frische Note« (aus dem Internet-Leitfaden: Was trägt der Bräutigam?).

→ Siehe auch **Knickerbocker** im gleichen Kapitel weiter oben.

kunterbunt:

Kunterbunt kommt von bunt.

Das Wort kunterbunt ist aus dem alten »contrabund« = vielstimmig entstanden, das seinerseits aus dem lateinischen »contrapunctum«, einer Musiktechnik, abgeleitet ist. Dabei werden mehrere Stimmen gleichberechtigt nebeneinander geführt.

Irgendwann im 18. Jahrhundert wurde aus »contrabund« dann kunterbunt, und aus den gleichberechtigten Stimmen wurden die gleichberechtigten Farben. Zuweilen, wie in der »Villa Kunterbunt« von Astrid Lindgrens Romanheldin Pippi Langstrumpf, schlägt auch die Bedeutung »ungeordnet« durch.

Lackmuspapier:

Lackmuspapier glänzt wie gelackt.

Mit Lack hat das Lackmuspapier nichts zu tun. Lackmuspapier ist ein mit Lackmus, einem aus Pflanzen gewonnenen Farbstoff, der als Indikator für Säuren oder Basen verwendet wird, getränktes Papier, und Lackmus bedeutet eigentlich »Tropfbrei«, von niederländisch »lekken« = tröpfeln und »Mus« = Brei.

Landauer:

Die als »Landauer« bekannten Kutschen kamen aus Landau.

Und so kam auch zurück mit seinen Töchtern gefahren
Rasch, an die andere Seite des Marktes,
der begüterte Nachbar,
An sein erneuertes Haus, der erste Kaufmann des Ortes,
im geöffneten Wagen (er war in Landau verfertigt).

(Johann Wolfgang v. Goethe: »Hermann und Dorothea«)

Aber anders als Goethe glaubte und mit ihm noch heute viele Menschen glauben, hat das Wort »Landauer« für eine leichte, offene Kutsche mit der pfälzischen Stadt Landau nichts zu tun. Auch ist dieser Wagentyp nicht von einem Engländer namens Landow erfunden worden, wie gelegentlich angenommen wird. Landauer ist aus dem arabischen »al andul« abgeleitet, das über das Spanische »lando« (leichter, mit Maultier bespannter viersitziger Wagen) und das englische und französische »landau« schließlich zum deutschen Landauer geworden ist.

Lappen:

»Durch die Lappen gehen« hat etwas mit Lappen zu tun.

Wie viele Millionen sind dem Staat durch die Lappen gegangen,
weil sich die hier großgewordenen Sportstars frühzeitig eine andere Steuerheimat gesucht haben?

(Aus einer Zeitungsmeldung zum Steuerfall Peter Graf)

Die bekannteste Herleitung dieser Redewendung bezieht sich auf die herrschaftlichen Treibjagden alter Zeiten, anläßlich derer man den Weg des gejagten Wildes durch Drahtzäune, an denen Lappen hingen, einzuengen suchte, um dieses den Flinten der hohen Herren zuzuführen. Dabei ging dann das eine oder andere Tier auch »durch die Lappen«.

Vielleicht liegt dieser Redewendung aber auch ein Hörfehler zugrunde: In alten Zeiten pflegten Gerber und Färber ihre Textilien bzw. Felle in fließendem Gewässer zu spülen, dabei schwammen diese öfters weg. Handelte es sich bei dem Gewässer um einen künstlich gestauten sogenannten »Vorfluter« oberhalb eines sogenannten »Nadelwehrs« (hier wird der Durchfluß durch Hochstellen oder Herunterklappen einzelner Nadeln alias »Latten« reguliert), so blieben die guten Stücke mit etwas Glück in den Latten hängen. Fehlte das Glück, dann gingen die Stücke eben »durch die Latten«.

lau:

Das »lau« in »etwas für lau bekommen« kommt von »lauwarm«.

Wer etwas »für lau« bekommt, erwirbt eine Sache für wenig oder gar kein Geld. Er oder sie muß sich nicht bemühen, eine laue Anstrengung genügt.

Dennoch hat »lau« in dieser Redewendung nichts mit Temperaturen zu tun; es kommt aus dem Jiddischen und bedeutet »nicht, kein, ohne«. Wer etwas für lau bekommt, bekommt es also im direkten Sinn des Wortes umsonst.

Leinwand:

Eine Leinwand hat etwas mit einer Wand zu tun.

Weiß leuchtet die Leinwand an der Stirnseite des Kinos. Aber die Leinwand ist heute nur noch selten aus Leinen und hat vor allem ihren Namen auch nicht von der Wand, die sie bedeckt. Den Namen hat sie vielmehr von der »linewant«, so wie sie etwa Martin

Luther kannte. Zu seiner Zeit spannten Künstler erstmals leinerne Tücher (eine »linewant«, von »want« = Stoff oder Tuch) auf Rahmen und bemalten sie; das unbemalte Tuch war dann später der ideale Hintergrund für Filmvorführungen.

Der alte Wortteil »want« ist noch heute in dem Wort »Gewand« enthalten.

Miniaturen:

Miniaturmalereien sind kleine Bilder.

Das Antlitz, fast herzförmig, endigte in ein feines kleines Kinn und schien eher wie eine Miniatur auf weißes Elfenbein gemalt als aus Fleisch und Blut zu bestehen. (Gottfried Keller: »Der grüne Heinrich«)

Miniaturen sind Malereien oder Zeichnungen in alten Büchern; ihren Namen haben sie von »Mennige« (der roten Zinnoberfarbe), auf lateinisch »minium«, mit der man einstmals in alten Handschriften die Überschriften, Randleisten und Initialen färbte. Die zweite Bedeutung als »Bildnismalerei im Kleinformat« kam erst später dazu, weil in Büchern nun mal keine Monumentalgemälde darzustellen sind.

Mitgift:

Die Mitgift hat etwas mit Gift zu tun.

Mit welchem Gesicht soll ich vor den schlechtesten Handwerker treten, der mit seiner Frau wenigstens doch einen ganzen Körper zum Mitgift bekommt? (Schiller: »Kabale und Liebe«)

Major Ferdinand von Walter schreckt vor dem Ansinnen seines Vaters zurück, als handele es sich um Gift, das ihm verabreicht werden soll. Niemals wird er die Geliebte des Fürsten heiraten, den Menschenschacher mitmachen, den Präsident Walter einfädeln will. Tatsächlich steckt aber in der (oder dem) Mitgift gar kein tödliches Gift, sondern das Wort in seiner alten Bedeutung Gabe. Die (bei Schiller der) Mitgift ist die Gabe, die Eltern ihrer Tochter als Aussteuer bei der Heirat mitgeben. Im englischen Wort »gift« - Geschenk - ist diese Bedeutung noch erhalten.

Muff:

Der Muff kommt von der Muffe.

Der altmodische »Handwärmer aus Pelz« alias Muff hat nichts mit der Muffe, einem Verbindungsstück für Rohre, zu tun, obwohl seine Form auch diese Deutungsform zuließe. Da schon die alten Römer beizeiten unter kalten Händen litten, kreierten sie den »muffula«, den Fausthandschuh. Als Muff erwärmt er heute noch im Winter Hand und Herzen der Damen, obwohl er ein wenig aus der Mode gekommen ist.

Murmel:

Die Murmel hat etwas mit murmeln zu tun.

Die Auster ist aufgegangen, und drin sind lauter Murmeln. - Murmeln? Perlen sind das! (Barks/Fuchs: »Zurück zur Natur«)

Die Murmel ist eine veränderte Form von »Marmel«. Die heute meist aus Glas oder Ton hergestellten Murmeln (Spielkugeln) waren früher aus Marmel = Marmor verfertigt.

Nietnagel:

Der Nietnagel hängt mit »niet- und nagelfest« zusammen.

Ein Nietnagel (= an der Wurzel festgewachsener Teil eines Fingernagels) ist zwar niet- und nagelfest (fest gewachsen und schlecht zu entfernen), hat ansonsten aber mit der Redewendung »alles, was nicht niet- und nagelfest ist« wenig gemein. Seinen Namen hat er von »Neid«, und in einigen Dialekten wird der Nietnagel auch Neidnagel genannt. Dahinter verbirgt sich der Aberglaube, der Niednagel = Neidnagel sei durch den Neid eines Mitmenschen verursacht worden.

Nissenhütte:

Die Nissenhütte hat ihren Namen von den Läuseeiern namens Nissen.

So lebten viele Deutsche
noch vor 50 Jahren

Die Nissenhütte hat ihren Namen nicht von den Läusen, die angeblich in diesen Unterkünften gut gedeihen, sondern von dem kanadischen Bergbauingenieur Peter Norman Nissen (1871 – 1930); dieser hatte nach dem 1. Weltkrieg vorgeschlagen, zur Linderung der Wohnungsknappheit stabile, halbzylinderförmige Notunterkünfte aus Wellblech herzustellen. Bei dieser Bauart bilden Dach und Wände eine Einheit; sie können Wind und Wetter besser trotzen, sie sind auch mangels Ecken oder Kanten leicht zu säubern und damit alles andere als ein El Dorado für die Läuse und die Nissen.

Pappe, nicht von Pappe sein:

»Das ist nicht von Pappe« hat etwas mit Pappe zu tun.

Die Pappe in »das ist nicht von Pappe« kommt von dem »Papps« genannten weichen Kinderbrei.

Ein weiteres Wort mit Pappe, aber ohne Beziehung zu derselben, ist der Pappenstiel (das kostet keinen Pappenstiel). Der Pappenstiel ist die niederdeutsche Bezeichnung des Löwenzahns, der Pfaffenblume (Pappenblume). Kinder schätzen den Löwenzahn als Pusteblume, weil seine leichten, federartigen Samen sich so schön wegblasen lassen. Übrig bleibt der runde Fruchtboden am Stiel, der kahl ist wie der Schädel eines Pfaffen. Eine abgeblasene Pusteblume, ihr entblößter Stiel sind ein Sinnbild für etwas, das nichts wert ist.

Paßwort:

Das deutsche Paßwort ist die Übersetzung des englischen »password«.

Paßwörter, die persönlichen Ziffern oder Buchstabenfolgen, die man zum Öffnen eines Computerprogramms eingeben muß, sind zwar erst mit den Computern so recht populär geworden, waren aber schon lange vor deren Erfindung in der deutschen Sprache verankert. Sie sind eine volkstümliche Umdeutung des französischen »passeport« (Reisepaß) und werden in diesem Sinn schon Mitte des 19. Jahrhunderts erwähnt.

Pflaster:

Ein »Teures Pflaster« kommt von Straßenpflaster.

»Teures Pflaster für Läden in München und Berlin« (Schlagzeile in der »Welt«)

Das »Teure Pflaster« hat seinen Namen von den medizinischen Pflastern, welche die Patienten vor den Bismarckschen Sozialreformen selbst bezahlen mußten.

Pickelhaube:

Die Pickelhaube ist ein Helm mit einem Pickel.

Nicht übel gefiel mir das neue Kostüm
Der Reiter, das muß ich loben,
Besonders die Pickelhaube, den Helm
Mit der stählernen Spitze nach oben.

(Heinrich Heine: »Deutschland – Ein Wintermärchen«)

Auch wenn Heinrich Heine, und mit ihm viele andere, die Pickelhaube an der »stählernen Spitze nach oben« festmachen wollten: Die berühmte preußische Pickelhaube hat ihren Namen nicht von dieser markanten Spitze, sondern von der alten »Beckenhaube«. So hießen früher Helme mit einem beckenförmigen Blech unter dem eigentlichen Helm. Schon im 16. Jahrhundert sagte man dazu Bickelhaube oder Pickelhaube. Als daher die Preußen um 1840 ihren bekannten Helm mit der Metallspitze erfanden, war die Versuchung groß, den eingeführten alten Namen auch auf diese neue Art von Kopfbedeckung anzuwenden, und prompt wurden auch die neuen Helme so genannt. Aber der Name war schon lange vor den Pickeln in Gebrauch.

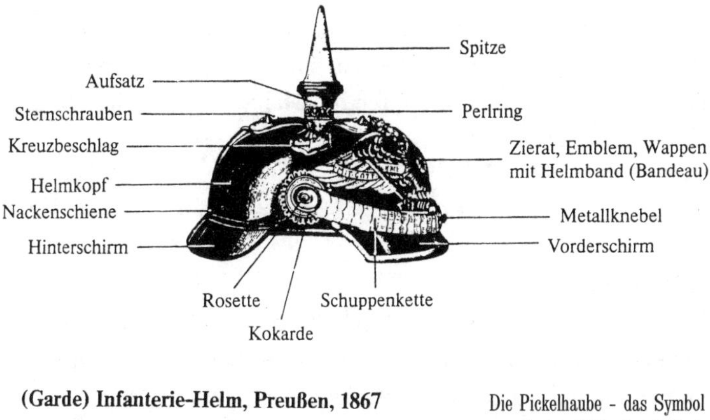

Die Pickelhaube - das Symbol preußischer Militärherrlichkeit

Im Frankreich-Feldzug 1870/71 übernahmen dann auch die meisten anderen deutschen Bundesstaaten diese Kopfbedekkung. Sie blieb bis 1916 der Standard-Helm des deutschen Heeres, dann stellte sich heraus, daß sie ihre Träger kaum beschützte, und so wurde im Frühjahr 1916 die Einführung des »Stahlschutzhelms« verfügt (eine Gemeinschaftsentwicklung eines Armeechirurgen, eines Anatomieprofessors und dessen Frau, welche die Form des Helms entworfen hatte).

Wenig bekannt ist heute auch, daß nach dem für Preußen siegreichen Feldzug 1870/71 auch andere Länder wie etwa die USA für ihre Armeen die Pickelhaube übernahmen.

Pleitegeier:

Der Pleitegeier ist ein Vogel.

Wenn der Vogel Strauß zum Pleitegeier wird. (Schlagzeile in der »Welt«).

Der »Geier« an der Pleite ist jiddisch für »Geher«: Pleitegeier = Pleitegeher. Die Pleite ist dabei das jiddische »plejte« = rettende Flucht (vor der Schuldhaft durch die Gläubiger), ein Pleitegeier flüchtet vor seinen Gläubigern.

Pumphose:

Die Pumphose erinnert an eine Pumpe.

Die Pumphose ist keine Hose, die man sich bei jemand anderem pumpt. Sie wird auch nicht aufgeblasen oder aufgepumpt. Ihren Namen hat sie von dem englischen »pomp« (Prunk). Eine Pumphose ist also eine Prunkhose. Anfangs wurden Pumphosen nur von Männern getragen und zwecks Prunkmaximierung mit Roßhaar ausgestopft. Die Frauen entdeckten die Pumphose erst um die Jahrhundertwende, da wurde sie, allerdings ohne die unpraktische Auspolsterung, zum Radfahren getragen.

→ Siehe auch **Kummerbund** im gleichen Kapitel weiter oben.

Rappen:

Die schweizerischen Rappenmünzen haben etwas mit Pferden zu tun.

Auf den kleinen Münzen, die heute noch eine Währungseinheit in der Schweiz sind, war und ist kein Pferd zu sehen. Einst war auf die Geldstücke ein Adlerkopf geprägt, der scherzhaft als Rabe bezeichnet wurde. Rappe ist eine Nebenform zu Rabe. Solche abwertenden Namen für Wappentiere gibt es oft. Z.B. wird der deutsche Bundesadler manchmal – seiner Form wegen – als Bundesgeier bezeichnet. Das amtliche Siegel, das der Gerichtsvollzieher bei der Pfändung auf die Einrichtungsgegenstände klebt, heißt in der Umgangssprache Kuckuck. Früher zierte dieses Siegel ein Reichsadler.

Rauchware:

Rauchwaren haben ihren Namen von rauchen oder räuchern.

Schreibt mir keine Briefe, ihr Kürschnermeister und Rauchwarenhändler. Elke Heidenreich

Weder noch. Rauchwaren haben nichts mit dem Rauchen oder Räuchern zu tun, es sind schlichtweg Tierfelle, die vom Kürschner zu Pelzen verarbeitet werden. Der Rauch in der Rauchware kommt von »ruoch« = groß, rauh; damit ist die Oberflächenstruktur der unbehandelten Felle gemeint.

Reispapier:

Reispapier wird aus Reisstroh hergestellt.

Das bekannte chinesische Reispapier, das zuweilen in der Aquarellmalerei als Untergrund, aber auch als Rohstoff für künstliche Blumen verwendet wird, trägt seinen Namen zweifach zu Unrecht: Erstens wird es nicht aus Reis gemacht, sondern in dünnen Scheiben aus dem Mark des Reispapierbaumes geschält, den man in Südchina und in Taiwan eigens für diese Zwecke pflanzt, und zweitens sind diese dünnen und dann auf Papierdicke gepreßten Scheiben kein Papier.

Römer: → **Siehe Kapitel Essen und Trinken.**

Sammelsurium:

Sammelsurium ist ein lateinischer Begriff.

Könnte man denken, wegen des typisch lateinischen »um«. Diese Endung ist dem Wort jedoch nicht angeboren, sie wurde irgendwann von einem Witzbold an das niederdeutsche »sammelsur« gehängt. Ein Sammelsur ist ein Gericht aus gesammelten sauer (sur) angemachten Speiseresten, und dieses nicht eben hoch geschätzte Resteessen sollte wohl durch die pseudolateinische Endung ironisch aufgewertet werden. Die verallgemeinerte Bedeutung des Wortes, wie es heute verstanden wird, meint alles, was sich zufällig zusammenfügt.

Schellack:

Schellack hat etwas mit Schellen (= Glocken, Klingeln) zu tun.

Der Schellack, wie man ihn etwa von alten, aus diesem Material gepreßten Schallplatten kennt, ist ein zähes, elastisches Naturharz; seinen Namen hat es von dem niederländischen »schel« = Schuppe, nach einem von Schildläusen auf ostindischen Pflanzen (meist Ficus religiosa) produzierten Rohstoff, der dann durch sogenanntes Auswaschen sowie Umschmelzen gereinigt und zum Grundstoff für Lacke, Firnisse und Schallplatten veredelt wird. Dank seiner hervorragenden Isolationseigenschaften wird Schellack auch heute noch gern in Elektronik-Bauteilen und anderen technischen Artikeln verwendet. Auch der Schellfisch kommt aus dieser Wurzel »schel«.

Schlittschuh:

Schlittschuh kommt von Schlitten oder schlittern.

Natürlich kann man mit dem Schlittschuh schlittern. Aber ursprünglich hieß dieses Sportgerät Schrittschuh, althochdeutsch noch »schritschuoch« – der Schlittschuh als ein Schuh zum Schreiten. Tatsächlich lassen sich durch die Kufe, die unter der Sohle befestigt ist, besonders ausgreifende Schritte mit dem Schlittschuh machen. Weil die Fortbewegung mittels der Kufenschuhe dem Schlittenfahren ähnelt, ist der Schrittschuh allmählich zu Schlittschuh umgedeutet worden.

Goethe berichtet im dritten Teil von »Dichtung und Wahrheit« von einer Auseinandersetzung mit Klopstock, der anders als Goethe und völlig richtig darauf beharrte, Schrittschuh sei die alleine richtige Bezeichnung für das Instrument zur sportlichen Betätigung im Winter: »Denn das Wort komme keineswegs von Schlitten, als wenn man auf kleinen Kufen dahin führe, sondern von Schreiten, indem man, den homerischen Göttern gleich, auf diesen geflügelten Sohlen über das zum Boden gewordene Meer hinschreite.«

Auch Goethe selbst hat zuweilen von Schrittschuhen gesprochen: In einem Brief an Herzog Carl August vom 24. 12. 1775 schreibt er: »Unser Bote ist noch nicht da, der Schrittschuhe mitbringt.«

Ein entspannter Schrittschuhläufer

Schrot und Korn:

Die Redewendung stammt aus dem Agrarsektor.

Bei Gott, in mir nicht findet er den Sohn,
Der, unterm Beil des Henkers, ihn bewundre.
Ein deutsches Herz, von altem Schrot und Korn,
Bin ich gewohnt an Edelmut und Liebe.

(Heinrich von Kleist: »Prinz Friedrich von Homburg«)

»Ein deutsches Herz von altem Schrot und Korn« stammt nicht aus der Welt der Landwirtschaft und des Getreides. Mit »Schrot« meinte man das Gesamtgewicht, mit »Korn« das Feingewicht einer Münze, also das Gewicht des darin enthaltenen Edelmetalls. Die heute noch geläufige Redensart vom »Mann von echtem Schrot und Korn« bezieht sich also auf unverfälschte Münzen und daraus abgeleitet auf Menschen von ehrlichem Charakter.

→ Siehe auch **Blüten** im gleichen Kapitel.

Schwarzpulver:

Das Schwarzpulver hat seinen Namen von Berthold Schwarz.

Das Schwarzpulver hat seinen Namen von der schwarzen Farbe. Es mag zwar stimmen, daß »die chunst aus püchsen zu schyessen« von einem Franziskaner- oder Bernhardinermönch namens Berthold Schwarz (Bertoldus Niger) verbessert worden ist (das soll um 1380 herum geschehen sein), aber zu dieser Zeit kannten die Chinesen das Pulver schon mehrere Jahrhunderte, und auch in Europa waren Feuergeschütze schon seit 1326 in Gebrauch.

Die Erfindung des Schießpulvers durch Berthold Schwarz.
Karikatur aus dem Jahre 1544.

Smoking:

Der Smoking ist eine englische Erfindung.

Der bequeme Anzug oder die Jacke, die in feinen Kreisen nach dem Essen getragen werden, heißen im Englischen »dinnerjacket«. Die Bezeichnung Smoking – Rauchanzug – ist nur im Deutschen gebräuchlich.

Andere englisch aussehende Wörter in der deutschen Sprache, die es im Englischen überhaupt nicht gibt, sind Talkmaster und Handy. Offenbar kommen diese Neuschöpfungen dem Sehnen viele Deutscher nach einer Rolle als Weltbürger entgegen, sie stellen sich damit sozusagen einen Ersatz-Kosmopolitenausweis aus, was aber im Ausland keineswegs als angenehm empfunden wird – die Londoner Times hat dafür den Ausdruck von der deutschen »linguistic submissiveness« geprägt.

todschick:

Todschick hat etwas mit tot zu tun.

Vielleicht, weil der eine oder andere beim Anblick einer todschicken Person vor Bewunderung tot umfällt. Aber das Wort als solches kommt von dem französischen »tout chic« = rundherum schick. Oder wie Kurt Ostbahn, auch bekannt als Ostbahn-Kurti, so schön auf wienerisch singt:

»Neichs Hemd – todschick
Heit host a Leiberl
heit mochst an Stich.«

Trockenreinigung:

Bei der chemischen »Trockenreinigung« werden Textilien trocken gereinigt.

Bei einer sogenannten »Trockenreinigung« bleiben Textilien alles andere als trocken: Sie werden in einer mit Flüssigkeit gefüllten Trommel hin- und hergeschleudert wie in unserer eigenen Waschmaschine; der einzige Unterschied ist: In unserer eigenen Waschmaschine besteht diese Flüssigkeit aus Waschpulver und Wasser, bei der »Trockenreinigung« aus anderen Lösungsmitteln wie etwa Tetrachlorethen. Aber naß wird unsere Wäsche so oder so.

5. Kapitel: Raum und Zeit

Alle Schulmeister lehren, daß nicht der Sinn den Worten, sondern die Worte dem Sinn dienen und folgen sollen.
Martin Luther

anderweitig:

Anderweitig kommt von weit.

Anderweitig kommt von »Weide« (Kuhweide, Schafsweide usw.). Damit meinte man früher aber nicht nur den Ort, an dem die Tiere weiden, sondern ganz allgemein auch eine Fahrt zur Nahrungssuche; ein »anderweidig« beschäftigter Mensch war also ein in fremden Revieren suchender Jäger, Bauer oder Knecht.

Diese ursprüngliche Quelle von anderweitig ist auch heute noch in den meisten Verwendungen des Wortes klar zu spüren: »Während Hertha BSC erst am 13. Oktober mit dem DFB-Pokalspiel gegen Tennis Borussia wieder zum Zuge kommt, sind in dieser Woche gleich sieben Herthaner anderweitig im Einsatz«. (»Tagesspiegel« vom 10. 4. 1999)

Bergfried:

Der Bergfried hat etwas mit einem Berg zu tun.

Mit Bergfried meinen wir den Hauptturm einer Burg, der steht tatsächlich meistens oben auf dem Berg. Aber der Name »Bergfried« selber kommt von dem alten »bervrid« = Holzturm. Damit meinte man früher die fahrbaren Gerüste zum Heranschieben an die Mauern einer belagerten Stadt. Vor dem Aufkommen der Feuerwaffen, mit denen man Stadtmauern zusammenschießen konnte, waren diese »bervride« neben dem Aushungern die einzige Möglichkeit, befestigte Städte zu erobern; in der Geschichte der Kreuzzüge finden wir zahlreiche Beispiele dafür.

Wie der Berg hat auch der Friede erst später zum Bergfried gefunden, durch das Anhängen eines e an »vrid« und dessen Umdeutung in »vride« = Schutz und Sicherheit.

Bergisches Land:

Das Bergische Land hat seinen Namen von den Bergen.

Das Bergische Land hat seinen Namen von den Grafen von Berg (Stammsitz Düsseldorf, früher Burgbesitzer an der Wupper und in Altenberg im Sauerland). »Damals waren die Fürsten noch keine geplagten Leute wie jetzt«, schreibt der in Düsseldorf geborene Heinrich Heine über diese Herren, »und die Krone war ihnen am Kopf festgewachsen, und des Nachts zogen sie noch eine Schlafmütze darüber, und schliefen ruhig, und ruhig zu ihren Füßen schliefen die Völker, und wenn diese des Morgens erwachten, so sagten sie: ›Guten Morgen, Vater!‹ und jene antworteten: ›Guten Morgen, Kinder!‹«

Brandenburg:

Brandenburg kommt von Brand und Burg.

»Es ist dies der Grenzwald der Deutschen, die Wüste, die Cäsars Sueven um ihr Gebiet schaffen, das îsarnholt zwischen Dänen und

Deutschen, der Sachsenwald und der branibor (slawisch = Schutzwald), von dem Brandenburg seinen Namen trägt, zwischen Deutschen und Slawen.«

So lesen wir bei Friedrich Engels in: »Der Ursprung der Familie, des Privateigentums und des Staats« und erfahren, daß dieser erstaunliche Mensch aus Wuppertal auch als Sprachforscher gewisse Spuren hinterlassen hat. Denn der Name der Stadt und des Bundeslandes Brandenburg, so sehr er auch an »Brand« und »Burg« erinnert, hat mit beiden nichts zu tun. Vielmehr kommt »Brandenburg«, wie von Engels und vor ihm sicher vielen anderen herausgefunden, aus dem alten slawischen »Branibor« = Schutzwald, Verteidigungswald, der seinerseits aus dem tschechischen »braniti« = schützen, verteidigen und »bor« = Föhre, Fichte, hervorgegangen ist.

Auch die Stadt Wittstock im Nordwesten des Bundeslandes Brandenburg hat ihren Namen aus einer anderen als der vielfach geglaubten Quelle: Nicht die Weide oder der Stock, sondern das alte polnische »vysoka« = hoch haben diesem einstigen Sitz der Bischöfe von Havelberg den Namen gegeben.

Dienstag:

Am Dienstag hat man zu dienen.

So glaubte man schon im Mittelalter, als man den Namen dieses Wochentages mit »Dies servitii« = Tag des Dienens in das Lateinische rückübersetzte.

Ursprünglich hieß der Dienstag auf lateinisch »Martis dies« = Tag des Mars. Denn so wie alle anderen Wochentage war auch der Dienstag nach einem Gott, in diesem Fall dem Kriegsgott Mars benannt. Die Germanen haben nur den römischen Gott

Mars durch ihren eigenen Gott Ziu ersetzt, so ist aus »Martis dies« der »Ziestag« und daraus unser guter alter Dienstag entstanden.

→ Siehe auch **Freitag** weiter unten im gleichen Kapitel.

Dorfkrug:

Der Dorfkrug (im Sinn von Kneipe) hat seinen Namen von dem gleichnamigen Trinkgefäß.

Der Krug im Sinn von Kneipe kommt aus dem niederdeutschen »kruch«, dessen genaue Bedeutung heute im dunkeln liegt; vermutlich ist es verwandt mit Hals und Kehle. Der Krug wäre damit der Ort, an dem man (zuviel) trinkt.

Der Krug als Gefäß dagegen hat eine andere Quelle, die ebenfalls im dunkeln, aber ganz woanders, vermutlich in irgendwelchen germanischen Töpferausdrücken liegt, daraus ist z.B. auch die »Kruke« = Tonflasche zu uns gekommen.

Eiffelturm:

Der Pariser Eiffelturm hat nichts mit der Eifel zu tun.

Hier haben wird den seltenen Fall, daß die zunächst sich aufdrängende Erklärung, von besserwissenden Mitmenschen als dummes Zeug entlarvt, am Ende doch zutrifft. So mußte sich einer der beiden Autoren dieses Buches, in der Eifel geboren und als Kind so stolz auf die selbst Paris nicht verschonende Ausstrahlung seiner Heimat, betroffen sagen lassen: »So ein Blödsinn! Der Pariser Eiffelturm heißt so nach seinem Erbauer, dem Ingenieur Gustave Eiffel, und nicht nach der Eifel.«

Was diese Besserwisser aber nicht wußten, ist, daß die Vorfahren von Gustave Eiffel tatsächlich aus der Eifel kamen; daher der Familienname Eiffel und genauso auch der Name für den Turm.

Einöde:

Einöde steht für »Eine Öde«.

Dann betete sie inbrünstig zu Gott und zu den Heiligen,
daß sie und ihr treuer Mann errettet werden möchten aus dieser
schrecklichen Einöde und aus der steten Todesgefahr.

(E.T.A. Hoffmann: »Ignaz Denner«)

Die Einöde kommt von dem alten »einöte« für einsam. Die heute verschollene Nachsilbe »öte« entspricht unserem modernen »sam«; sie lebt verborgen noch in Wörtern wie »Armut« (ehemals »armoede«), »Heimat« oder »Kleinod« weiter. Eine Einöde ist also vielleicht tatsächlich öde, aber ihren Namen hat sie aus einer anderen Quelle.

Auch der Umkehrschluß, daß dann vielleicht die Öde aus »einöte« hervorgegangen ist, führt in die Irre, denn die Öde (im Sinn von »Verlassenheit, unbebautes, unfruchtbares Land«) ist aus dem alten deutschen »odi« hervorgegangen, welches ebendas – einen unbebauten und unbewohnten Grund – bezeichnet.

Friedhof:

Der Friedhof kommt von »Frieden«.

Jetzt liegt auch er schon zwischen Backsteinmauern und Zement-Kunsthandwerk, der Friedhof des Vogelsangs; damals lag er noch vollständig im Grün, und eine lebendige Hecke ging um ihn her.

(Wilhelm Raabe: »Die Akten des Vogelsangs«)

Unser »Friedhof« kommt ursprünglich von »frithof« = Vorhof, Vorplatz, eingefriedetes Gelände, beschützter Platz. Raabes Beschreibung läßt das noch deutlich werden. Da dieser eingefriedete, beschützte Platz rund um die Kirche oft auch als Begräbnisstätte diente, hat sich die Bedeutung von Friedhof immer mehr zur heute üblichen verengt.

Auch das »frieden« in »einfrieden« stammt von dieser Wurzel ab und hat mit dem modernen Frieden gleichfalls nichts zu tun.

→ Siehe auch **Hünengräber** im gleichen Kapitel weiter unten.

Freitag:

Der Freitag hat etwas mit freien oder frei zu tun.

Der Freitag ist zwar ein beliebter Tag zum Heiraten (Freien), aber seinen Namen hat er von der germanischen Liebesgöttin Freyja oder Freia, der Venus und der Aphrodite rechts des Rheines sozusagen. Der Tag der Freyja, der Freitag, entspricht dem »Veneris dies«, dem Venustag, der wiederum »Aphrodites hemera«, dem Aphroditentag gleichgesetzt war. Der Freitag ist also seit der Antike den Liebesgöttinnen gewidmet und so tatsächlich für Hochzeiten besonders gut geeignet.

→ Siehe auch **Dienstag** weiter oben im gleichen Kapitel.

Göttingen:

Göttingen hat etwas mit Gott zu tun.

So sehen das die Göttinger selbst nicht ungern; in gelehrten Schriften war früher von Göttingen zuweilen als »Theopolis« die Rede.

In Wahrheit ist der Ursprung des Namens Göttingen alles andere als göttlich; er kommt aus dem alten gutingi, das wiederum von dem germanischen gote = Gosse abgeleitet ist. Göttingen wäre damit »Die Stadt an der Gosse«.

Ähnliches hatte wohl auch Heinrich Heine im Sinn; in seiner »Harzreise« beschreibt er Göttingen wie folgt: »Im allgemeinen werden die Bewohner Göttingens eingeteilt in Studenten, Professoren, Philister und Vieh, welche vier Stände doch nichts weniger als streng geschieden sind. Der Viehstand ist der bedeutendste. Die Namen aller Studenten und aller ordentlichen und unordentlichen Professoren hier herzuzählen, wäre zu weitläufig; auch sind mir in diesem Augenblick nicht alle Studentennamen im Gedächtnisse, und unter den Professoren sind manche, die noch gar keinen Namen haben. Die Zahl der Göttinger Philister muß sehr groß sein, wie Sand, oder besser gesagt, wie Kot am Meer; wahrlich, wenn ich sie eines Morgens mit ihren schmutzigen Gesichtern und weißen Rechnungen vor den Pforten des akademischen Gerichts aufgepflanzt sah, so mochte ich kaum begreifen, wie Gott nur soviel Lumpenpack erschaffen konnte.«

→ Siehe auch **Brandenburg** und **Magdeburg** im gleichen Kapitel.

Gründonnerstag:

Der Gründonnerstag heißt nach der Farbe Grün

Man wäscht am Gründonnerstag 12 Männern oder Weibern die Füße, und dafür das ganze Jahr hindurch allen übrigen Untertanen die Köpfe. (Lichtenberg: »Sudelbücher«)

Der Donnerstag vor Ostern mag seinen Namen von dem Brauch herleiten, fleischfrei zu essen, vorzugsweise grünes Gemüse zu verspeisen. Wahrscheinlicher ist aber der Gründonnerstag eine Übersetzung des lateinischen »dies viridium« – Tag der Grünen. Grün bedeutet in der Symbolik der Kirche »ohne Sünde«. Am Ende der Fastenzeit wurden oft die mit einer Kirchenstrafe belegten Gläubigen freigesprochen, die damit wieder grün – sündlos – waren und wieder in ihre Gemeinde aufgenommen wurden.

Eine nochmals andere Deutung führt dagegen den Gründonnerstag auf Greinen = Weinen zurück, wegen des Karfreitags, der dann folgt.

Hünengräber:

Hünengräber sind Gräber für Hünen.

Die sogenannten Dolmen- oder Hünengräber, wie man sie oft in der Bretagne, aber auch in anderen Regionen Frankreichs wie auch Deutschlands findet, sind zwar Gräber, aber nicht für Hünen. Ihre überproportionalen Ausmaße – bis drei Meter lang, zwei Meter breit, rechts und links und obenauf ein riesiger, massiver Stein – erklären sich einfach daraus, daß in einer einzigen solchen Grabstätte mehrere Dutzend Männer, Frauen und Kinder auf einmal ihre letzte Ruhe fanden.

Hundstage:

An den Hundstagen wird es selbst einem Hund zu heiß.

Die große Hitze bei der feuchten Erde mußte starke Gewitter erzeugen; besonders gewitterhaft ging der erste Hundstag vorüber, der ein Vorbild sein soll für alle übrigen Hundstage. In der Tat witterte es auch die folgenden Tage gewaltig, den 20. Juli entlud sich ein Gewitter über die Egg zwischen Heimiswyl und Rüegsau, wie sie in dieser Gegend seit Jahren selten waren.

(Jeremias Gotthelf: »Die Wassernot im Emmental«)

Diese von alten Dichtern wie Gotthelf und modernen Zeitgenossen im Sommer gern beschworenen Hundstage heißen so, nicht weil es selbst Hunden zu heiß wird, sondern weil um diese Zeit des Jahres der Sirius, der Hundestern, mit der Sonne zusammen aufgeht. In der Antike glaubte man, daß dieser Stern noch zusätzliche Hitze brächte: Die Hundstage sind die Tage, an denen der Hundestern am Himmel steht.

Jerusalem:

Der Name der Stadt Jerusalem kommt von shalom für Frieden.

Diese Deutung wird von vielen Historikern bezweifelt: Ob das Wort Jerusalem tatsächlich etwas mit der semitischen Wurzel für Frieden zu tun hat, ist fraglich. Aber weil »Shalom« so gut zu dem Namen der heiligen Stadt paßt, wurde Jerusalem im Laufe der Zeit zur »Stadt des Friedens«.

Jubeljahr:

Das Jubeljahr hat etwas mit jubeln zu tun.

Höchstens indirekt. Das Jubeljahr ist eine mittelalterliche Eindeutschung des lateinischen »annus iubilaeus«; das »iubilaeus« geht dabei auf das hebräische »jowel« = Widderhorn zurück.

Für die Juden des Alten Testamentes war jedes 50. Jahr ein Jahr des Erlassens von Schulden oder Sünden; dieses Jahr wurde durch das Blasen von Widderhörnern eingeleitet. Ein Jubeljahr ist damit ein Jahr des Widderhorns. Dieser Brauch des periodischen Erlasses unangenehmer Verpflichtungen wurde von Papst Bonifatius VIII. um 1300 auch auf christliche Weltregionen übertragen, zunächst mit einem Zeitabstand von 100, dann von 50, dann von 33, dann von 25 Jahren.

Der Jubel im Sinn von großer Freude hat dagegen mit Horntieren nichts zu tun; er ist aus dem lateinischen »iubilum« = Freudengeschrei zu uns gekommen.

Kalauer:

Kalauer kommen aus der Stadt Calau.

Du bist jetzt zweiunddreißig, oder doch beinah, da muß der mit der Fackel kommen; aber du fackelst (verzeih den Kalauer; ich bin eigentlich gegen Kalauer, die sind so mehr für Handlungsreisende), also du fackelst, sag ich, und ist kein Ernst dahinter.

(Theodor Fontane: »Der Stechlin«)

Die hier von Fontane als Kalauer bezeichneten Wortplattheiten haben ihren Namen von dem französischen »calembour« (Wortspiel); die Gründe für die Umformung in »Kalauer« sind unklar (erstmals belegt ist dieses Wort im Jahr 1858). Vielleicht hat dabei geholfen, daß ein Redakteur der satirischen Zeitschrift

»Kladderadatsch«, der in der Stadt Calau bei Cottbus den Urlaub zu verbringen pflegte, von dort recht platte Witze nach Berlin zu schicken pflegte.

Kanarische Inseln:

Die kanarischen Inseln haben Ihren Namen von den Kanarienvögeln.

Die Kanarienvögel haben ihren Namen von den kanarischen Inseln, und nicht umgekehrt.

Die kanarischen Inseln entstammen dem lateinischen »canis« = Hund. In den ersten überlieferten Berichten zu diesen Inseln, die auf den römischen Gelehrten Plinius zurückgehen, ist von wilden Hunden die Rede, die dort in großen Mengen anzutreffen wären, deshalb nannte man die Inseln dann »Canariae«.

Karneval:

Karneval ist lateinisch und heißt: Fleisch, lebe wohl!

Der Karneval markiert zwar den Beginn der Fastenzeit, der Jahreszeit, in der strenggläubige Christen auf den Verzehr von Fleisch verzichten. Die Herkunft des Namens Karneval ist aber unklar. Eine Deutung besagt, der Karneval leite sich von lateinisch »carrus navalis« = Schiffskarren oder Schiff mit Rädern ab. Solche Fahrzeuge seien bei Frühjahrsumzügen mitgeführt worden, um die Wiedereröffnung der Schiffahrt nach der Winterpause zu feiern. Nach einer anderen Lesart ist Karneval aus den lateinischen Wörtern »carne« = Fleisch und »levare« = wegnehmen entstanden, bedeute also Fleischwegnahme. Der Karneval sei demnach nur der Name des Tages vor der Fastenzeit.

Der fröhliche Ruf »carne vale!« – »Fleisch, leb wohl!« – würde zwar gut in die Karnevalszeit passen, ist aber eher eine als Scherz gemeinte nachträgliche Wortumschreibung.

→ Siehe auch **Rosenmontag** im gleichen Kapitel weiter unten.

Kirchspiel:

In einem Kirchspiel wird gespielt.

Ich bin Familienvater, Ehemann,
Ein Dutzend kleiner Kinder hängt mir an,
Mein Tagwerk wäre sicher nicht für jeden.
Ich habe meinen Hof und meine Herden,
Ein ganzes Kirchspiel will beraten werden …

(Henrik Ibsen: »Komödie der Liebe«)

Das heute veraltete Wort »Kirchspiel« meint einen Pfarreibezirk, eine Untergliederung einer religiösen Gebietsgemeinschaft. Damit ist die »Kirche« in dem »Kirchspiel« leicht erklärt. Das »Spiel« dagegen hat eine lautlich entferntere Quelle; nicht das sich sofort aufdrängende Spiel, sondern das alte »spel« = Erzählung, das heute noch im »Beispiel« weiterlebt. Ein Kirchspiel war damit ein Bezirk, in dem ein Pfarrer berechtigt war, zu predigen und zu erzählen (oder zu beraten, so wie es einer der geplagten Helden in dem Stück von Ibsen verpflichtet ist zu tun).

Loreley:

Die schöne Fee Loreley gab dem gleichnamigen Felsen seinen Namen.

»Jetzt kenn ich dich - Gott steh mir bei!
Du bist die Hexe Lorelei.«

(Joseph v. Eichendorff: »Waldgespräch«)

Die berühmte Loreley, so wie sie in der Phantasiegestalt der »Lore Lay« aus der gleichnamigen Ballade von Clemens Brentano, vor allem aber in der verführerischen, die Schiffer ins Verderben ziehenden Wasserfrau aus dem bekannten Gedicht von Heinrich Heine weiterlebt, hat ihren Namen von dem gleichnamigen Felsen und nicht umgekehrt. »Lei« heißt mittelhochdeutsch Schiefer oder Fels, »Lure« bedeutet hinterlistig, also ist der Loreley der böse Berg. Und das war er früher auch tatsächlich, in der kaum hundert Meter breiten Rheinenge sind schon viele Schiffer umgekommen.

Alternativ kann »Lur« auch »tönen« heißen. Die Lurlei wäre damit der tönende Fels, ein Fels, der ein besonders gutes Echo gibt. »Was denselben [d.h. den Loreleyfelsen] so berühmt gemacht hat, ist dem sehr deutlichen Echo oder Widerhall zuzuschreiben, dahero dann alle Vorrüberreisenden mit Rufen, Schießen, Trompeten etc. sich jederzeit alhier zu divertieren pflegen.« (Johann Ludwig Knoch Goarino: Antiquitates Goarinae oder Historisch-topographische Beschreibung der Altertümer der hochfürstlich hessischen in der Grafschaft Catzenelnbogen gelegenen Hauptstadt Sandt Goar, 1752) Früher hielt man dieses Echo für Geisterstimmen aus dem Inneren des Felsens, oder man dachte sich den Felsen hohl, mit einer Hexe in der Mitte.

Seit der Mitte des 13. Jahrhunderts, als die Loreley erstmals als »Lurlenberg« dokumentarisch belegt ist, sind die folgenden Namen dafür in Gebrauch gewesen: Lorleberg, Lurlinberg, Lurley, Loyrenberg, Lorlei, Lourley, Lohrenberg. Was aber auch immer die Motive für alle diese Bezeichnungen sind: Der Name für den Felsen kam zuerst, und danach erst der Name für die Fee von Heine.

Magdeburg:

Magdeburg ist eine Burg für Mägde.

Diese Deutung ist weit verbreitet. Demnach käme das »Magde« in »Magdeburg« aus dem alten Maid = Mädchen, Jungfrau. Im Mittelalter wurde Magdeburg denn auch auf lateinisch »virginum civitas« und griechisch »Parthenopolis« genannt, beides bedeutet »Stadt der Jungfrauen«.

Aber nicht alle Sprachforscher sind mit dieser Deutung einverstanden; sie halten eine Herkunft aus magatha = kamille für wahrscheinlicher. Magdeburg = die Burg, wo man mit Kamillen handelt oder Kamillen aufbewahrt. In der ältesten heute bekannten Form hieß Magdeburg »Magodaburg«, das hat mehr Ähnlichkeit mit magatha als mit Maid.

Marseillaise: → **Siehe Kapitel Wirtschaft und Gesellschaft.**

Rosenmontag:

Der Rosenmontag hat seinen Namen von den Rosen.

So sähen das die Karnevalisten gern. Demnach hätte im Mittelalter der Papst am Sonntag Lätare, das ist der vierte Fastensonntag, in Rom verdienten Persönlichkeiten eine Rose überreicht, die sogenannte Tugendrose. Am Montag danach kam in Köln gewöhnlich auch das Karnevalskomitee zusammen, um über die Verwendung der Einnahmen aus den Fastnachtstagen zu beraten. Und weil man diese Herrenrunde Rosenmontagsgesellschaft nannte, hätte es nahegelegen, meint etwa der Mainzer Fastnachtsforscher Günter Schenk, den von ihnen organisierten Umzug Rosenmontagszug zu nennen.

Die Deutung wird aber von Sprachforschern bestritten. So gab es z.B. den ersten Rosenmontagszug in Köln erst 1823, also lange nach dem Mittelalter, und in Mainz war erstmals sogar erst 1890 im offiziellen Zugprogramm vom »rosenrothen Montag« die Rede, einem aus Köln kommenden Begriff, den die Mainzer nur sehr zögernd übernahmen; es gab lange Diskussionen in der lokalen Presse, in denen sich die Mainzer gegen die Übernahme dieses Wortes wehrten.

Und wie Sprachforscher glauben, auch zu Recht. Denn der Rosenmontag kommt vermutlich nicht von den päpstlichen Rosen, sondern von einer anderen, weniger erquicklichen Begleiterscheinung des Karnevals, dem Rasen. Das bedeutet im niederdeutschen »lustig sein«, hatte aber auch früher schon den Beiklang des hemmungslosen Feierns, des »die Wutz Rauslassens«, das die Kölner gerne mit dem Karneval verbinden. Und daß sich die kulturell selbst höher einschätzenden Mainzer (schließlich war man als Mayence ja lange Teil der Grande Nation gewesen) dieses totale Außerkraftsetzen der guten Sitten nur ungern aus dem Norden importierten, kann man sehr gut nachvollziehen.

Roter Platz:

Der Rote Platz hat seinen Namen von den Bolschewisten.

Die Farbe Rot spielt in der russischen Kunst und Kultur eine zentrale Rolle, vergleichbar etwa der Farbe Grün in manchen Ländern des mohammedanischen Glaubenskreises. Vielleicht aus diesem Grund bedeutet doch das russische Wort »krasnyi« nicht nur rot, sondern auch »gut«, »wichtig« oder »schön«. Der rote Platz (»KRASNAJA PLOSCHED«, wie es auf den Schildern am Rand des Platzes heißt) ist also nichts anderes als der schöne Platz, und diesen Namen hatte der Platz schon lange vor den Bolschewisten.

Saumpfad:

Der Saumpfad hat einen gesäumten Rand.

Saumpfade sind Gebirgswege, über die die Saumtiere ihre mehr oder weniger schweren Frachten tragen. In beiden Wörtern – Saumpfad und Saumtier – bedeutet »Saum« aber nicht »genähter Rand«, sondern – aus dem Griechischen stammend – Last. Ein Saumpfad ist damit ein Pfad zum Transportieren von Lasten, und das Tier, das diese Lasten trägt, ist das Saumtier.

→ Siehe auch **saumselig** im Kapitel *Menschen und Gefühle.*

Sauregurkenzeit:

Die Sauregurkenzeit hat etwas mit sauren Gurken zu tun.

Vielleicht essen die einen oder anderen in der Sauregurkenzeit tatsächlich saure Gurken. Aber seinen Ursprung hat das Wort woanders: in den hebräisch-jiddischen Wörtern »zarot« für Sorgen und »jakrut« für Inflation. In der Sauregurkenzeit sorgten sich die jüdischen Kaufleute über das Ansteigen der Preise.

Eine andere Erklärung besagt, die Sauregurkenzeit habe ihren Namen von den Spreewälder Gurkenbauern. Die kamen im Spätsommer mit ihren frischen sauren Gurken auf die Märkte in Berlin, und weil diese Jahreszeit recht ruhig ist, hätte die Sauregurkenzeit ihre heutige Bedeutung angenommen.

→ Siehe auch **veräppeln** und **Nassauer** im Kapitel *Menschen und Gefühle*, sowie **Guter Rutsch** im Kapitel *Wirtschaft und Gesellschaft*.

Schwarzes Meer:

Das Schwarze Meer hat seinen Namen von seiner dunklen Farbe.

Das Schwarze Meer hat seinen Namen von den heftigen Stürmen und den dichten Nebelschwaden, die es zuweilen zu einer sehr unfreundlichen Gegend machen – »schwarz« im Sinn von bedrohlich. Im alten Griechenland hieß es deshalb auch »pontos axenos« – ungastliches Meer. Sein Wasser hat keine besondere Farbe und ist bei Sonnenschein von genau so schönem Blau wie das anderer Meere auch.

Siebengebirge:

Das Siebengebirge hat seinen Namen von den sieben Bergen.

Das Siebengebirge besteht aus 42 Bergen oder besser Hügeln. Der höchste mit 461 Metern ist der Ölberg, es folgen die Löwenburg (456 m), der Lohrberg (435 m), der Nonnenstromberg (336 m), der als Herberge deutscher Staatsgäste bekannte Petersberg (331 m), die Wolkenburg (324 m) und der berühmte Drachenfels (321 m). Aber außer diesen sieben Bergen gibt es im Siebengebirge wie gesagt noch viele andere. Seinen Namen hat es deshalb auch nicht von den Bergen, sondern von den »Siefen« genannten tiefen Tälern, die diese Berge voneinander trennen: Das Siebengebirge ist also das Siefengebirge, das Gebirge mit den vielen tiefen Tälern.

stockfinster:

Stockfinster hat etwas mit einem Holzstock zu tun.

Höchstens indirekt. Der Stock war früher das Gefängnis, nach den Holzblöcken benannt, in die man die Füße der Sträflinge steckte, damit sie nicht entfliehen konnten. Der Gefängniswärter hieß deshalb auch Stöcker oder Stockmann, und das Gefängnis Stockhaus und kurz nur Stock. »Stockfinster« heißt also: finster wie im Gefängnis.

verfranzen:

Verfranzen kommt von Fransen.

Der »Franz« in »verfranzen« ist keine Franse (wer sich verfranzt, verzettelt sich, franst aus), sondern die Gattungsbezeichnung für die Beobachtungsoffiziere in den Kampfflugzeugen des Ersten Weltkriegs. Damals mußte der Navigator noch den Erdboden im Auge behalten und aus dessen Beschaffenheit den Kurs ermitteln. Der Sammelname, mit dem die Piloten die häufig wechselnden Navigatoren bezeichneten, war Franz. Wenn der Franz sich irrte, gab er dem Piloten einen falschen Kurs, und der verfranzte sich dann.

Verlies:

Verlies kommt von verlassen.

Richtig ist: Der Graf von Monte Christo schmachtete Jahrzehnte im Verlies und kam sich sicher sehr verlassen vor. Trotzdem: Das Wort Verlies selber kommt nicht von verlassen, sondern vermutlich von dem alten »verlies« = Verlust: Wer ins »verlies« kommt, geht verloren.

Da dieses Verlies oft auch »Verließ« geschrieben wurde, kam ein wortgeschichtlich nicht ganz richtiger Zusammenhang zu »verlassen« zustande.

Weichbild:

Ein Weichbild wirkt auf den Betrachter besonders weich.

Fertigen Sie diesem propagandistischen Ausländer einen Laufpaß aus, in zwei Stunden muß er das Weichbild von Krähwinkel im Rücken haben. (Johann Nestroy: »Freiheit in Krähwinkel«)

Mit dem Weichbild einer Stadt meinen wir die vor unseren Augen auftauchenden Konturen, wenn wir aus der Ferne auf einen Ort zufahren – weich entstehen die Umrisse der Bauten vor dem fernen Horizont.

Aber das »Weichbild« hat mit diesen weichen Konturen nichts zu tun, es kommt aus der Rechtssprache und bedeutete »Ortsrecht«. »Wih« ist ein altes Wort für Siedlung, verwandt mit lateinisch »vicus« = Dorf, und »Bild« hat in einer älteren Bedeutung auch einen rechtlichen Sinn, so wie er heute noch in »Unbill« = Unrecht weiterlebt. Ein Weichbild ist damit sozusagen die Verfassung eines Ortes, und das »Weichbild einer Stadt« ist »doppelt gemoppelt« so wie eine Flasche Flaschenbier: die Ortsverfassung einer Stadt.

Wetterleuchten:

Ein Wetterleuchten leuchtet.

Schweigt der Menschen laute Luft:
rauscht die Erde wie in Träumen
wunderbar mit allen Bäumen,
was dem Herzen kaum bewußt,
alte Zeiten, linde Trauer,
und es schweifen leise Schauer
wetterleuchtend durch die Brust.

(Josef von Eichendorff: »Der Abend«)

Ohne Zweifel: Leise Schauer, wetterleuchtend durch Brüste schweifend, mögen tatsächlich den einen oder anderen Sachverhalt jäh erhellen. Aber das Wort für das von den Blitzen eines fernen Gewitters herrührende Aufleuchten am nächtlichen Himmel kommt nicht von Licht und leuchten, sondern von dem alten

»wetterleichen«, dessen Wortteil »leichen« soviel bedeutet wie tanzen, hüpfen oder spielen. Das Wetterleuchten ist also ein Wettertanzen: Die Blitze tanzen am fernen Horizont, sie hüpfen von einer fernen Wolke auf die andere.

Windsbraut:

Die Windsbraut ist die Geliebte des Windes.

Die Windsbraut ist nicht die Geliebte des Windes, sondern der Wind selbst, und zwar ein reichlich böser Wind, so wie in der österreichischen Sage von der »Windsbraut auf der Schröcker Alm«:

»Die Windsbraut« von Oskar Kokoschka, 1914

»Einmal war ein Bauer mit seinem Gesinde an einem heißen Sommertag auf der Schröcker Alm eifrig bei der Heuernte beschäftigt. Da zogen schwarze Wolken am Himmel auf, ein plötzlicher Wind erhob sich, der in einen Heuhaufen fuhr und ein großes Bündel Heu in die Höhe entführte.«

Ein junger Bursche wirft darauf ein Messer nach der Wolke, das nicht zu Boden fällt und erst viel später in einem Wirtshaus aufgefunden wird. Der Wirt hatte es aufgehoben, jemand hatte damit seine Tochter umgebracht.

windschief:

Windschief bedeutet »schief durch Wind«.

Nun sag' ich's doch! In der Fremd', unter dem wuesten Volk steht alles windschief. Man weiß bei den Sachsen und Pollacken nicht, ob man menschenfreundlich oder menschenfeindlich sein soll.

(Karl Immermann: »Münchhausen«)

Ein windschiefer Baum ist nicht schief vom Wind; er hat seinen Namen von »winden« im Sinn von »drehen«. Ein verdreht gewachsenes Holz ist gewunden und wurde deshalb windschief genannt, diese Bezeichnung hat sich später auf die Bäume, aus denen das Holz gemacht wurde, und auf andere Gegenstände übertragen.

Wonnemonat:

Der Wonnemonat bringt uns Wonne.

Mag sein. Sein Name steht aber für »Weidemonat«, denn »Wonne« meinte früher »Weide«, der Mai ist der Monat, in dem die Pflanzen wachsen (»Der Mai ist gekommen, die Bäume schlagen aus ...«). Erst später wurde die Wonne dann in Richtung »Lust« und »Freude« umgedeutet.

Zwinger:

Der Dresdner Zwinger hat seinen Namen von einem Zoogehege.

Die meisten Sachsen wissen es, aber viele Nichtsachsen nicht: Der berühmte Dresdner Zwinger hat mit einem Zoogehege nichts zu tun. Ein »Zwinger« ist auch der Platz zwischen der äußeren und inneren Mauer einer Festung; in diese Baulücke bauten die sächsischen Könige einen schönen, galerienumsäumten Festspielplatz, deshalb heißt der Dresdner Zwinger heute Zwinger.

6. Kapitel: Wirtschaft und Gesellschaft

Wörter sind eingesalzene Heringe,
konservierte alte Ware.
Fritz Mauthner

ABC-Schütze:

ABC-Schützen lernen schießen.

Der »Schütze« in den ABC-Schützen ist eine nicht ganz richtige Übersetzung des italienischen »tiro« (Anfänger, Rekrut). Eigentlich ist ein ABC-Schütze also ein ABC-Anfänger. Da der italienische »tiro« aber von »tirare« = schießen abgeleitet ist, sind aus den ABC-Anfängern dann nicht ganz sinngemäß die ABC-Schützen geworden, die zum Glück Sinnvolleres als Schießen lernen.

Amtsschimmel:

Der Amtsschimmel hat etwas mit Pferden zu tun.

Der Amtsschimmel ist vermutlich aus dem lateinischen »simile« entstanden; damit meinte man in den Kanzleien des alten Österreich ein vorgedrucktes Musterformular. Ein Beamter, der sich streng an vorgedruckte Muster hielt, hieß deshalb »Similereiter«, und das simile wurde zum Schimmel, den der Simílereiter ritt.

→ Siehe auch **Federfuchser** im Kapitel *Menschen und Gefühle.*

anrüchig:

Anrüchige Dinge riechen.

Anrüchige Dinge, auch wenn sie durch Gerüchte ruchbar werden, haben dieses Beiwort nicht von riechen, sondern von rufen. Die Wörter Gerücht, ruchbar und anrüchig (früher »anrüchtig«) leiten sich aus dem alten ruchte = Leumund ab. Ein Mensch mit einem schlechten Leumund hatte einen schlechten Ruf; erfuhr man von seinen bösen Taten, erhob sich ein »Gerufe« (ein Geschrei, mit dem Untaten der Öffentlichkeit übermittelt wurden).

→ Siehe auch **ruchbar** im Kapitel *Menschen und Gefühle.*

anzetteln:

Anzetteln hat etwa mit Zetteln zu tun.

»Zetteln« in anzetteln kommt nicht von den Papierschnipseln, auf denen man vielleicht geheime Nachrichten austauscht, sondern von den Längsfäden (Kettfäden), wie man sie von einem Webstuhl kennt. »Etwas anzetteln« heißt also wörtlich: die Kettfäden spannen, um ein Gewebe zu beginnen.

→ Siehe auch **verzetteln** und **Zeter und mordio** im Kapitel *Menschen und Gefühle.*

Arbeitgeberbeitrag:

Den Arbeitgeberbeitrag zahlt der Arbeitgeber.

Keinen Pfennig des Arbeitgeberbeitrags zahlt der Arbeitgeber. Den Arbeitgeberbeitrag zahlt der Arbeitnehmer, genauso wie der Arbeitnehmer seine Steuern, Mieten, Zinsen, Hypotheken oder Pachten zahlt.

Die nach deutschem Sozialrecht zur Hälfte von den Arbeitgebern zu tragenden Renten, Arbeitslosen- und Pflegeversicherungsbeiträge ihrer Beschäftigten sind ein reiner Taschenspielertrick. Rein wirtschaftlich gesehen gehören alle Aufwendungen des Arbeitgebers für einen Beschäftigten zu dessen Bruttolohn, unabhängig davon wie sie heißen. Dem Arbeitgeber ist der weitere Weg der Aufwendungen, die ihm oder ihr für einen Arbeitnehmer/eine Arbeitnehmerin entstehen, relativ egal. Ob zehn, 20 oder 30 Prozent davon an das Finanzamt fließen, ist für ihn oder sie genauso unerheblich wie die Anteile für die Arbeitslosen-, Kranken-, Renten- und Pflegeversicherungen. Ob die Hälfte oder alles oder gar nichts davon »Arbeitgeberanteil« heißt, spielt für den Arbeitgeber keine Rolle. Für ihn gilt Kosten = Bruttolohn, diese Gleichung ist das einzige, was ökonomisch zählt, die Bezeichnung dieser Kosten spielt keine Rolle.

Leider kommt von diesem Bruttolohn aber immer weniger bei den Arbeitnehmern an, und damit haben wir auch schon einen der Gründe für die Popularität des Arbeitgeberbeitrag-Mythos gefunden: Wir merken nicht, wie man uns schröpft. Je mehr von unserem Gehalt und Lohn als sogenannter »Arbeitgeberanteil« nicht von uns, sondern von anderen getragen wird, desto unbelasteter gehen wir scheinbar durchs Leben, desto mehr scheinen wir von unserem Verdienst für uns selber zu behalten.

Die ganze Absurdität des sogenannten »Arbeitgeberbeitrags« wird vielleicht am besten deutlich, wenn wir einmal unterstellen, alle Sozialversicherungsabgaben hießen »Arbeitgeberanteil«. Dann wäre – hokus-pokus-fidibus – die Sozialversicherung umsonst! Denn nach herkömmlicher Sicht hätten wir jetzt einen Arbeitnehmeranteil von Null Prozent!

Aber in Wahrheit bleibt natürlich alles, wie es vorher war. Jeder Pfennig der Differenz zwischen dem, was der Arbeitgeber für uns ausgibt, und dem, was wir bekommen, ist und bleibt zu 100 % unser eigener Arbeitnehmeranteil, ganz egal wie man ihn nennt.

Attentat:

Ein Attentat ist eine ganz besonders böse Tat.

Und der Attentäter ein besonders böser Täter. Das mag beides durchaus zutreffen, hat aber mit der Wortentstehung nichts zu tun. Das deutsche Attentat ist aus dem gleich geschriebenen französischen »attentat« = Mordanschlag zu uns gekommen, der seinerseits aus dem lateinischen »attentare« = antasten hervorgegangen ist. In keinem dieser Wörter ist die deutsche »Tat« verborgen.

Der zum Attentat passende Attentäter wurde Mitte des 19. Jahrhunderts von einem Hobbydichter als Reimwort zu »Hochverräter« erfunden; auch hier wurde der »Täter« sinngemäß durchaus folgerichtig, aber doch die Wortwurzel verdrehend auf den Wortstamm aufgeklebt.

Bandit:

Banditen haben ihren Namen von der Bande.

Banditen haben ihren Namen von dem italienischen »bandire« = geächtet oder ausgestoßen sein. Ein Bandit muß also nicht notwendig zu einer Bande gehören, ob die Banditen Banden bilden, ist für ihre Benennung unerheblich.

Barras:

Die Bezeichnung »Barras« geht auf den gleichnamigen französischen Grafen zurück.

Linke zum Bund! heißt der Tagesbefehl. Ein Drittel geht dem Barras jährlich an den Zivildienst verloren. (Privatfernsehen)

Das Wort »Barras« für das Militär wird oft von dem französischen Grafen Barras abgeleitet (1755-1829). Während der französischen Besetzung Anfang des 19. Jahrhunderts, so diese Erklärung, hätten die Truppen Napoleons mit Plakaten um Freiwillige geworben, und diese Aufrufe wären mit dem Namen des Chefintendanten des Heeres, Barras, unterzeichnet gewesen. Daher der Spruch: Ich gehe zum Barras.

In Wahrheit hatte sich der Graf von Barras schon 1799, also einige Jahre vor den fraglichen Ereignissen, aus dem politischen Leben Frankreichs zurückgezogen. Er war zwar zu seiner aktiven Zeit auch mit der Aushebung von Truppen befaßt gewesen, aber nur in Frankreich selbst, und die oben zitierten Aufrufe in Deutschland hat er niemals unterschrieben.

Vermutlich kommt der Ausdruck »beim Barras« aber dennoch aus Frankreich, wenn auch anders: durch das Wort »embarras« (Verlegenheit, mißliche Sache). Nach dem Ersten Weltkrieg bezeichneten viele im Rheinland stationierte französische Soldaten das Militär als »embaras«, und dieser Ausdruck könnte dann unter Weglassen der ersten Silbe von dort auch in die deutsche Umgangssprache eingegangen sein.

blaumachen:

Ein Blaumacher kommt nicht zur Arbeit, weil er einen Rausch ausschläft.

Bei manchem mag die Vermutung ja zutreffen, aber die Abwesenheit vom Arbeitsplatz hat nichts mit dem exzessiven Genuß geistiger Getränke zu tun. Es gibt vielmehr zwei historisch begründete Erklärungen. Zum einen mußten die Färber, wenn sie blau färbten, den Stoff einen Tag lang im Färbebad liegen lassen, da sich die blaue Farbe (anders als die anderen Farben) erst durch einen chemischen Prozeß entwickeln mußte. Die wackeren Handwerker machten also einen Tag blau und überließen die Stoffe sich selbst.

Eine andere mögliche Erklärung betrifft ebenfalls die Handwerker. Die brauchten, wie alle anderen Werktätigen, nämlich am Montag vor Fastnacht, wegen seiner liturgischen violetten Farbe auch »blauer Montag« genannt, nicht zu arbeiten. Im Laufe der Zeit wurden aus dem blauen Montag viele blaue Mon- und andere Wochentage.

Boxring:

Der Boxring war ursprünglich rund.

Diesem Schauplatz eines beliebten Kampfsports wird zuweilen eine Herkunft aus »Ring« im Sinn von »rund« unterstellt: Der Boxring sei ursprünglich rund gewesen.

In Wahrheit war der Boxring immer eckig, genauso wie viele andere Plätze mit dem Namen »Ring«: Breslauer Ring, Altstädter Ring usw. Deren Name kommt vermutlich aus der Wortsippe »Ring, Runge«, womit man schon in germanischer Zeit den Zaun oder die Umhegung eines Kampf- oder Spielplatzes bezeichnet hat.

Eine weitere mögliche Erklärung für den Boxring wäre die Herkunft aus dem englischen »to ring« = läuten: Am Anfang jeder Runde gibt es einen »ring«.

→ Siehe auch **Ping-Pong** im Kapitel *Menschen und Gefühle.*

brandschatzen:

Brandschatzen heißt »verbrennen und verwüsten«.

Mit »brandschatzen« meinte man früher das Erpressen von Schutzgeldern mit der Drohung, widrigenfalls die Stadt in Brand zu setzen. Eine erfolgreich gebrandschatzte Stadt hat also gerade nicht gebrannt. »Als Brandschatzung wurden nun der Stadt 300.000 Reichstaler auferlegt, wogegen nicht nur die Sicherheit der Stadt, sondern des ganzen Rentenamtes München zugesagt wurde.« (Siegmund Rieder: »Die Schweden in München« 1632)

Bulle:

Mit der Bezeichnung »Bulle« für einen Polizisten ist ein Horntier angesprochen.

»Bullen raus!«

(einst beliebter Aufdruck auf bundesdeutschen Studenten-Transparenten)

Im 18. Jahrhundert hießen die Landjäger, die Vorgänger der modernen Polizisten, »Landpuller« oder »Bohler«. Diese Wörter entstammen dem niederländischen »bol« = »Kopf, kluger Mensch«. Ein »Bulle« ist daher ein Mensch mit Köpfchen. Wann dieser Ausdruck erstmals als Beleidigung verstanden wurde, bleibt im Dunkel der Historie verborgen.

Keine Verwandtschaft mit Horntieren hat auch die ebenfalls »Bulle« genannte Urkunde des Papstes; diese kommt aus dem lateinischen »bulla« = Wasserblase, Buckel und hat per Umweg über »Siegel« und »gesiegelte Urkunde« ihre heutige Bedeutung angenommen; auch »Bulette«, »Bulletin« und »Billet« sind diesem Quell entsprungen.

Burschenschaft:

Burschenschaften haben ihren Namen von den Burschen.

Umgekehrt: Die Burschen haben ihren Namen von den Burschenschaften.

Ursprünglich hieß ein Mitglied einer Studentenverbindung nicht Bursche (in der modernen Bedeutung junger Mann), sondern Bursch, nach dem mittellateinischen »bursa« = Geldbeutel. Die Studentengemeinschaften an den frühen Universitäten hießen »Bursche«, weil sie aus einer gemeinsamen Kasse (Stiftung) lebten. Die einzelnen Mitglieder einer Bursche hießen »Burßgesell«, »Bursant« oder »Mitbursche«, zusammen waren sie eine Burschenschaft. Durch die Übertragung auf andere Gemeinschaften, z.B. Handwerker und Soldaten, bekam das Wort Bursche dann die heutige Bedeutung »junger Mann«.

Effeff:

Das Effeff in »technisch versteht er seine Sache aus dem Effeff« kommt aus der kaufmännischen Abkürzung ff für »sehr fein«.

Tatsächlich werden heute noch Fleischwaren manchmal mit dem Prädikat ff angepriesen: ff Leberwurst. Eine andere Version erklärt ff dagegen als eine alte Abkürzung für Gesetzestexte des römischen Rechts. Die Sammlung dieser Rechtstexte heißt »digesten«. Die Einzahl dieses ursprünglich lateinischen Wortes ist im Angelsächsischen sehr gebräuchlich, meint Auswahl, Auszug. Die Zeitschrift »Reader's Digest« ist weltweit verbreitet. Wenn »digesten« hinter ff stecken sollten, ist das so zu erklären: Die Abkürzung d wurde wegen ihrer Bedeutung markiert mit einem Querstrich. Aus dd wurde so ff. Dritte Möglichkeit: ff als eine Abkürzung für fortissimo, eine italienische Anweisung zum besonders lauten Vortragen von Musikstücken.

Encyclopaedia Britannica:

Die Encyclopaedia Britannica kommt aus Großbritannien.

Die Encyclopaedia Britannica wird schon lange nicht mehr in Großbritannien verlegt und hergestellt; der aktuelle Eigentümer aller Rechte ist die amerikanische Aktiengesellschaft »Encyclopaedia Britannica Inc.« mit Sitz in Chicago.

Schon 1920 waren die Rechte an diesem berühmten Lexikon nach Amerika gewechselt, damals an das Versandkaufhaus Sears-Roebuck; von dort gingen sie über die Universität von Chicago zu einer eigens für dieses Lexikon gegründeten Aktiengesellschaft, die seit 1941 die Geschicke dieses Werkes in den Händen hält.

Flitterwoche:

In der Flitterwoche schmücken sich die Frischvermählten gerne mit Flitter.

Erst Flitterwochen, dann Zitterwochen.

(Redensart)

Die Flitterwochen haben wenig mit besonders glitzernder Kleidung zu tun, die mit billigem Putz (Flitter) behängt sind. So gewandet wird heute kaum noch jemand unbeschwerte Tage in Italien oder sonstwo verbringen. Der erste Bestandteil des Wortes kommt von einem älteren Wort »vlittern«. Dies bedeutet lautmalerisch »flüstern«, und zwar dem Liebsten ins Öhrchen. Flittern meint heute noch landschaftlich »liebkosen« oder »schmusen«.

Gastronom:

Die Gastronomen haben ihren Namen von den Gästen.

Die Gastronomen haben wie die Gastritis ihren Namen von dem Magen (griechisch: »gastär«). Die Gastronomie ist demnach eigentlich die Magenkunde.

Der Gast dagegen geht auf das indogermanische »ghostis« = Fremdling zurück, das auch in anderen europäischen Sprachen seine Spuren hinterlassen hat (russisch: gost; schwedisch: gäst; englisch: guest). »Ghostis« und »gastär« haben miteinander nichts zu tun.

Geheimrat:

Geheimräte beraten im Geheimen.

Ein Geheimrat oder auch Geheimer Rat ist ein »Vertrauter Rat«. »Geheim« hieß früher »zum Haus gehörig«, im Sinn von »vertrauenswürdig«; erst viel später erhielt das Wort »geheim« auch die Bedeutung von »heimlich, streng vertraulich«.

Goethe z.B. war Geheimrat des Herzogs von Weimar, und das schon im Alter von 30 Jahren (sehr zum Verdruß so mancher altgedienter Zeitgenossen, die dem Neuling diese Stellung neideten). Er war damit eine Art Ministerpräsident; er leitete das Bau- und Straßenwesen, die Finanzen und auch die (bescheidene) Armee. Geheim waren seine Tätigkeiten nicht.

geruhen: → **Siehe Kapitel Menschen und Gefühle.**

Good Bye:

»Good Bye« hat etwas mit »gut« zu tun.

Dieser amerikanische Abschiedsgruß kommt von »God be with you« = Geh mit Gott.

Ein anderer, hierzulande oft mißverstandener amerikanischer Abschiedsgruß ist »So long«; dieser ist nicht aus der langen Zeit bis zum nächsten Wiedersehen, sondern aus dem arabischen »salaam« bzw. aus dem hebräischen »shalom« entstanden.

Die ›Graue Eminenz‹

wurde zuerst von seinen Gegnern der geheime Vertraute und außenpolitische Ratgeber des Kardinals Richelieu, Père Joseph (1577-1638), genannt, um ihn von seinem Herrn in der scharlachroten Robe zu unterscheiden. Die Macht des Einflusses und die historische Wirkung, die von dem stets im Hintergrund bleibenden asketischen Kapuzinerpater ausging, machten seine Stellung beispielhaft für Jahrhunderte und gaben dem oft übertragenen Spottnamen einen gefürchteten Beiklang. In der Biographie dieser historischen Gestalt von seltener Faszination, eines Menschen, der von politischem Sendungsbewußtsein und religiösem Feuer gleichermaßen durchglüht war, zeichnet Huxley das Bild einer ganzen Epoche und ihrer geheimen Kraftströme.

Das Vorbild aller grauen Eminenzen: François Leclerc du Tremblay

Graue Eminenz:

»Graue Eminenz« meint einen grauhaarigen, älteren Herrn.

Die erste »Graue Eminenz« war der als »Vater Josef« bekannte Kapuzinerpater und Berater des Kardinals Richelieu, François Leclerc du Tremblay (1577-1638). Da der Kardinal aufgrund der roten Kardinalsgewänder den Namen »Rote Eminenz« erhielt, nannten die Leute den Vater Josef wegen seiner grauen Kapuzinerkleider »Graue Eminenz«.

Aber diese »Graue Eminenz« war ansonsten alles andere als grau. Er hatte Sprachen und Juristerei studiert, konnte fechten und reiten (letzterer Leidenschaft mußte er dann als Kapuzinermönch entsagen, Kapuziner gehen nur zu Fuß), er galt als guter »Kriegsmann« und machte auch als Mönch noch eine stattliche Figur: »Unter der breiten, intellektuellen Stirn waren die weit offenen blauen Augen ein wenig vorgewölbt und hatten etwas Starrendes. Die Nase hatte den kraftvollen Schwung eines Adlerschnabels. Ein langer, ungepflegter rötlicher ... Bart bedeckte Wangen und Kinn; aber der entschlossene Mund mit seinen vollen Lippen deutete auf eine entsprechend feste Formung der Kiefer darunter.« (Huxley)

Diese »Graue Eminenz« im Hintergrund der französischen Politik des 17. Jahrhunderts wurde dann zum Sinnbild für versteckte Macht im allgemeinen.

Guter Rutsch:

Wir wünschen einen »Guten Rutsch«, um gut ins neue Jahr zu rutschen.

Unser »Guter Rutsch« an Silvester und an Neujahr kommt aus dem hebräischen »rosch« = Anfang. Ein »guter Rutsch« ist also ein guter Anfang.

Eine andere Deutung geht auf das persische »No Ruz« = Neuer Tag zurück; damit meint man oft zugleich das neue Jahr.

→ Siehe auch **Nassauer** und **veräppeln** im Kapitel *Menschen und Gefühle.*

Handhabe:

Handhabe hat etwas mit Hand zu tun.

»Malaysias Opposition hat wenig Handhabe gegen Premier Mahatir.«

(»Der Tagesspiegel« vom 24. November 1999)

»Wir haben keine Handhabe gegen den Angeklagten« meint, wir haben gegen den Angeklagten nichts in der Hand. Aber das Wort »Handhabe« ist nicht mit unserer Hand verwandt, es kommt aus dem alten deutschen »anthaba« = Henkel, Griff. »Wir haben keine Handhabe gegen den Angeklagten« heißt also: Wir können den Angeklagten nirgends greifen.

hantieren:

Hantieren kommt von Hand.

Das Hantieren kommt genauso wenig von der Hand wie die Handhabe, sondern aus dem normannischen »hanteren« = eine Kunst oder ein Handwerk betreiben, Handel treiben. Wer mit etwas hantiert, betreibt damit einen Handel.

Hebamme:

Die Hebamme leitet sich von Amme ab.

Die Hebamme kommt nicht von »Amme« (die hebende Amme), sondern allein von »hebend«. »Hevianne« bzw. »hevanna« heißt »die Hebende« (von dem alten Zeitwort »heffan« = heben). Vielleicht gibt es einen Zusammenhang mit dem alten »anna« = Großmutter, dann wäre die Hebamme die hebende Großmutter. Mit dem alten »amma« (eine Frau, die ein fremdes Kind stillt) hängt die Hebamme jedenfalls nicht zusammen.

Heiermann:

Ein Heiermann ist ein Hafenarbeiter.

»Heier« könnte auf »Heuer« zurückgehen, das Handgeld der Seeleute, wenn sie einen Arbeitsvertrag schlossen, und ein Heiermann wäre demnach ein Seemann oder Hafenarbeiter. Vermutlich ist der Heiermann, mit dem man früher in lockerer Sprache ein Fünfmarkstück bezeichnete, aber aus dem hebräischen Wort »Hei« für »fünf« entstanden. Bei fahrenden Händlern und umgangssprachlich ist dieser Ausdruck heute noch gebräuchlich. Bildungen auf -mann sind im Norddeutschen öfter anzutreffen. Sie dienen zur Verstärkung des Gemeinten.

Hund:

Der Hund in »vor die Hunde gehen« meint das Haustier namens Hund.

Wir erfahren die Geschichte der Menschheit von 1992 bis 2081, aufgezeichnet vom letzten Überlebenden unserer Art. Frappierend ist die überzeugende Schilderung, wie schnell und sang- und klanglos unsere heutige Welt vor die Hunde gehen könnte.

(Aus der Laudatio für Herbert Rosendörfer anläßlich der Verleihung des Literaturpreises des Science Fiction Clubs Deutschland)

Diese Redewendung ist nicht in Anlehnung an die beliebten Haustiere entstanden, sondern stammt aus dem Bergbau und Hüttenwesen: Wenn in alten Zeiten ein Bergmann schlecht gearbeitet hatte, mußte er zur Strafe den Transportkarren, die sogenannte »Hunte« ziehen; so kam jemand, den das Erdenglück verlassen hatte, »vor die Hunte«.

Kind und Kegel:

»Kind und Kegel« hat etwas mit Kegeln zu tun.

Rund 100 Menschen zogen mit Kind und Kegel auf das 18.000 m² große Gelände, um hier eine alternative Lebensgemeinschaft aufzubauen. (»Juckreiz«)

Wenn einer mit Kind und Kegel eine Reise tut, dann nimmt er außer seinen ehelichen Kindern auch seine Nebenfrauen alias »Kebsweiber« und die mit diesen gezeugten Kinder alias »Kegel« mit. Diese Bedeutung schimmert noch in der Meldung »Unterhalt für ›Kind und Kegel‹ neu geregelt« durch, mit welcher der ARD-»Ratgeber Recht« einen Bericht über Alimente einleitet: »Seit dem 1. Juli gilt das neue Kindesunterhaltsgesetz. Das neue daran: Es gilt jetzt gleichermaßen für alle Kinder, unabhängig davon, ob ihre Eltern verheiratet sind oder nicht.«

Kontrahent:

Der Kontrahent hat seinen Namen von kontra (gegen).

Sein einziger Kontrahent, der Norweger Kejtil Andre Aamodt, verfehlte im abschließenden Slalom den notwendigen zweiten Platz. (Bayerischer Rundfunk)

Der Kontrahent hat seinen Namen von lateinisch »contrahere« = zusammenziehen, vereinigen, einen Vertrag schließen. Damit sind Kontrahenten (oft auch falsch als »Kontrahenden« geschrieben) eher Verbündete als Feinde. Vermutlich weil aus Partnern aber oft auch Gegner werden, hat der Kontrahent dann seine heutige, in den obigen Textstellen gemeinte Bedeutung angenommen.

Auf die alte Bedeutung beziehen sich dagegen noch Textstellen wie »Bei allen Optionsgeschäften ist Voraussetzung, daß ein Kontrahent, d.h. Käufer oder Verkäufer von Kontrakten vorhanden ist.« Von einem solchen Handel profitieren schließlich beide Seiten (andernfalls käme der Kontrakt, das Ziel der Kontrahenten, nicht zustande).

Kronzeuge:

Der Kronzeuge heißt so, weil er der wichtigste Zeuge ist.

La Belle: Kronzeuge schweigt aus Angst. Terror-Prozeß in Moabit nach nur einer Stunde vertagt. (»Berliner Zeitung«)

Ein Kronzeuge ist ein Krimineller, der seine Mittäter belastet. Das Wort kommt aus dem anglo-amerikanischen Strafrecht, welches Strafverfahren so wie Zivilverfahren als Parteiprozesse führt (zwischen der »Krone« alias dem Staat und dem Beschuldigten); ein aussagebereiter Mittäter ist also der Zeuge für die »Krone«.

Kümmeltürke:

Kümmeltürke ist eine abwertende Bezeichnung für Türken.

Wenn ich es recht übersehe und bedenke, so ist mir sein Heidelbergischer Aufenthalt lieber als sein Jenaischer: es kommt schon etwas Kümmeltürkisches in ihn. (Goethe: »Briefe«)

Kümmeltürke meinte ursprünglich eine Person nicht aus dem Orient, sondern aus der Gegend von Halle/Saale oder Jena. Dort wurde früher viel Kümmel angebaut, daher wurde die Gegend scherzhaft Kümmeltürkei genannt. Die Türkei stand dabei gleichbedeutend für einen Landstrich, aus dem Gewürze kommen, ein Kümmeltürke war also jemand aus der Kümmeltürkei, später dann ganz allgemein ein Langweiler und Spießer.

→ Siehe auch **Türke**, einen **Türken bauen** im gleichen Kapitel weiter unten.

Marseillaise:

Die Marseillaise kommt aus Marseille.

Die Marseillaise kommt nicht aus Marseille, sondern aus Straßburg; dort wurde sie in der Nacht vom 25. auf den 26. April des Jahres 1792 von einem Hauptmann Rouget als »Chant de guerre pour l'armee du Rhin« anläßlich der Kriegserklärung Frankreichs an das Deutsche Reich gedichtet und komponiert.

Die Nachricht von der Kriegserklärung war gerade aus Paris mit Eilstafetten angekommen, der Bürgermeister und die Bürger Straßburgs jubelten, feierten, schwenkten Fahnen, abends lud Bürgermeister Dietrich die lokalen Offiziere, die demnächst ins Feld marschieren würden, zu sich nach Hause zu einer vorgezogenen Siegesfeier. »Plötzlich, mitten im Reden und Toastieren, wendet sich Bürgermeister Dietrich an einen jungen Hauptmann vom Festungskorps, namens Rouget, der an seiner Seite sitzt. Er hat sich erinnert, daß dieser nette, nicht gerade hübsche, aber sympathische Offizier vor einem halben Jahr anläßlich der Proklamation der Konstitution eine recht nette Hymne an die Freiheit geschrieben hat, die der Regimentsmusikus Pleyel gleich vertonte. Die anspruchslose Arbeit hatte sich als sangbar erwiesen, die Militärkapelle hatte sie eingelernt, man hatte sie am öffentlichen Platz gespielt und im Chor gesungen. Wären jetzt die Kriegserklärung und der Abmarsch nicht gegebener Anlaß, eine ähnliche Feier zu inszenieren? So fragt Bürgermeister Dietrich ganz lässig, wie man eben einen guten Bekannten um eine Gefälligkeit bittet, den Kapitän Rouget (der sich völlig unberechtigterweise selbst geadelt hat und Rouget de Lisle nennt), ob er nicht den patriotischen Anlaß wahrnehmen wolle und für die ausmarschierenden Truppen etwas dichten, ein Kriegslist für die Rheinarmee, die morgen gegen den Feind ausrücken soll.« Und Rouget komponiert und dichtet und liefert gleich am nächsten Morgen seine Verse nebst Vertonung ab.

Die Resonanz ist freundlich, aber nicht begeistert. »Nicht ein einziger der Generäle der Rheinarmee denkt daran, die neue Weise beim Vormarsch wirklich spielen oder singen zu lassen, und so scheint, wie alle bisherigen Versuche Rougets, der Salonerfolg des ›Allons, enfants de la patrie‹ ein Eintagserfolg, eine Provinzialangelegenheit zu bleiben und als solche vergessen zu werden.« Aber dann, zwei Monate später, findet eine Kopie des Lieds den Weg nach Marseille; auf einer ähnlichen Abschiedsfeier für ausrückende Freiwillige wird es von einem der Teilnehmer, dem nichts Besseres einfällt, als Lückenbüßer vorgetragen, und genauso, wie manche Karnevalsschlager nur in Mainz und nicht in Düsseldorf gefallen, schlägt es in Marseille auf Anhieb ein, am nächsten Morgen singt es gleich die ganze Stadt: »Allons enfants de la patrie ...« Und seither heißt das Lied nur noch »die Marseillaise«.

Massaker:

Das Massaker hat etwas mit Masse zu tun.

Dem Sinn nach schon, von der Sprachgeschichte her gesehen aber nicht. Das Massaker ist im 17. Jahrhundert über das französische »massacre« = Schlächterei zu uns gekommen, die Masse dagegen gab es in der deutschen Sprache schon viel früher. Das

Wort kommt aus dem lateinischen »massa« = Teig oder Klumpen, in der letzteren Bedeutung wird es auch heute noch von Bäckern und Metzgern gern verwendet.

Mayday:

Mayday hat etwas mit einem Tag im Mai zu tun.

Richtig ist: Der Mayday ist der 1. Mai, der Tag der Arbeiter und der Arbeit. Aber mit »Mayday«, dem internationalen Notruf im Funksprechverkehr, hat dieser Maitag nichts zu tun (auch wenn in einem deutsch synchronisierten Vorkriegsfilm der Funker eines sinkenden Schiffes mehrmals »Frühlingstag, Frühlingstag« als Hilferuf gesendet haben soll).Vielmehr ist der Notruf »Mayday« eine Verenglischung des französischen »m'aidez« (helfen Sie mir).

Meineid:

Ein Meineid hat etwas mit mir und »mein« zu tun.

Seine Eide donnern aus dem Grabe wieder,
ewig, ewig würkt sein Meineid fort.

(Schiller: »Die Kindsmörderin«)

Der Meineid hat seinen Namen nicht von dem besitzanzeigenden Wörtchen mein, sondern von einem alten »mein« = falsch, betrügerisch. Der Meineid ist also ein Falscheid.

→ Siehe auch **Kronzeuge** in diesem Kapitel.

Penne:

Penne kommt von pennen.

Der scherzhafte Ausdruck Penne für eine (höhere) Schule hat nichts mit dem rotwelschen Wort »pennen« (schlafen) gemeinsam. Die Penne hat ihren Namen von den Federkästen – Pennalen – (von lateinisch »penna« = Feder), die die Schüler früher mit sich führten. Die Besitzer der Pennale waren die Pennäler. Daß die Penne vergangener Zeiten einige Ähnlichkeit mit einem gleichlautenden gaunersprachlichen Wort für Gefängnis hatte, mag ein Zufall sein.

→ Siehe auch **Kanone, unter aller Kanone** im Kapitel *Menschen und Gefühle.*

Plattdeutsch:

Plattdeutsch hat seinen Namen von dem platten Land.

Würkte je ein Kontrast lebhaft auf Antons Seele, so war es dieser – den Mann, welchen er sich nie anders als mit jenem feierlichen herzerschütternden Tone zu dem versammelten Volke redend gedacht hatte, zuerst plattdeutsch wie der simpelste Handwerksmann mit dem Küster über eine so feierliche Sache, als die Taufe war, sprechen zu hören; und das in einem Tone, der nichts weniger als feierlich war, und womit man einem sagen würde, er solle ja nicht vergessen, das Waschbecken zu bringen.

(Karl Philipp Moritz: »Anton Reiser«)

Fast überall, wo man Niederdeutsch bzw. Plattdeutsch redet, ist die Landschaft reichlich flach. Aber das Platt in Plattdeutsch kommt von »platt« in der Bedeutung einfach, gerade, schlicht. Diese sympathischen Eigenschaften galten einst als tölpelhaft und minderwertig.

Polier:

Der Polier sorgt dafür, daß der Neubau wie poliert aussieht.

Der Polier hat seinen Namen von »parlieren« (= sprechen). Der Polier ist der Wortführer der Bauarbeiter, der Vorarbeiter, der das Sagen hat. Der »politor« war früher der Mittelsmann zwischen Gutsherr und Landarbeitern.

Poliklinik:

Eine Poliklinik ist ein Krankenhaus für viele Beschwerden.

So könnte man glauben, wenn man an das griechische »poly« = viel denkt, wie es in mehreren gebräuchlichen Wörtern im Deutschen vorkommt, etwa in »Polygamie« (Vielehe) oder »polyglott« (vielsprachig). Aber das »poli« in der Poliklinik kommt nicht von »poly« = viel, sondern von »polis« = Stadt. Eine Poliklinik ist also wörtlich übersetzt ein Stadtkrankenhaus und bezeichnet heute eine Krankenhausabteilung für ambulante Krankenpflege.

Polka:

Die Polka kommt aus Polen.

Die Polka hat nur indirekt mit Polen zu tun. Sie kam 1831 in Böhmen auf und hat ihren Namen zu Ehren der damals von den Russen unterdrückten Polen bekommen. Auch die Polonaise ist vermutlich außerhalb von Polen (nämlich in Sachsen) entstanden.

→ Siehe auch **Wiener Walzer** im gleichen Kapitel weiter unten.

Posh:

Posh steht für »Port out, starboard home«.

Port-Outward Starboard-Home, a heavy trip
Made lighter by the apportionments of shade:
Red mountains steaming backward past the ship,
The keel slides down the globe with freighted souls
Hulled in a common fate. The course is set,
Whether of proletariat or peerage,
Posh people or poor buggers in the steerage.

(Hilary Corke, »The Times Saturday Review«, Oct. 3, 1992)

Zu Königin Victorias Zeiten, so die Sage, hätten reiche Engländer ihre Schiffsreisen nach Indien vorzugsweise auf der linken (Port = Backbord-)Seite des Dampfers gebucht, dort war es kühler, diese Seite lag häufiger im Schatten. Umgekehrt auf der Rückreise: Jetzt war die rechte (Starbord = Steuerbord) Seite angenehmer, solche Leute waren »posh«.

In Wahrheit kosteten die Kabinen auf beiden Seiten des Schiffes das gleiche; in den Unterlagen der P&O-Line, die den Hauptverkehr nach Indien besorgte, findet sich kein einziger Fall einer solchen Posh-Belegung, und ab der Mittagszeit, also in der größten Hitze, war die Seite des Schiffs, auf der sich die Kabine befand, für das Wohlergehen ohnehin kaum noch erheblich.

Das Wort »posh« gab es schon zu Shakespeares Zeiten, es meinte damals wie heute einen gutsituierten Lebemann, und die obige Erklärung wurde nachträglich hinzugedichtet.

Daneben hat »posh« auch noch die Bedeutung eines alkoholischen Getränks: Als die Spanier im 16. Jahrhundert den Rum aus Kuba in den mexikanischen Bundesstaat Chiapas brachten, wo es kein Zuckerrohr gab, suchten sie nach einem Ersatz und fanden eine Abart des Zuckerrohrs (panela), gaben zum Gären Maissäure und gesäuerte Weintrauben hinzu, nach einer Woche dann noch Mais, Traubensaft und Wasser, und nannten das so entstehende hochprozentige Getränk dann Posh. In San Cristóbal benutzt man ihn auch für einen Posh-Topf (mistela – ähnlich unserem heimischen Rum-Topf), in den man Ananasstücke, Beeren, Kirschen, Kräuter und Nüsse gibt, die man für mehrere Monate ziehen läßt.

→ Siehe auch **O. K.** im Kapitel *Menschen und Gefühle*.

Quantensprung:

Quantensprünge sind besonders große Sprünge.

Wenn sie Sätze hören wie: »Die globale Entwicklung der Wirtschaft vollzieht sich derzeit in Quantensprüngen«, glauben viele, und nicht zuletzt der Sprecher tut das, damit sei eine besonders rasante Entwicklung angezeigt. Der Ökonom guckt bedeutend, der Interviewer nickt, und den Fernsehzuschauer graust es.

Der Quantensprung als Bild für rasante Veränderungen und gewaltige Umwälzungen ist schief. Ein Quant ist der kleinstmögliche Wert einer physikalischen Größe, kleiner geht es nicht. Und der Quantensprung besagt, daß ein Energiezustand in einen anderen übergeht, dieser Übergang ist von uns Menschen mit unseren Sinnen nicht erfaßbar.

Rädelsführer:

Der Rädelsführer hat etwas mit einem Rad zu tun.

Nur sehr entfernt. Der Rädelsführer oder Rädlinsführer führte eine Gruppe mehr oder weniger gesetzestreuer Gesellen an. Das Rädlein, mittelhochdeutsch »redelin« ist ein militärisches Fachwort, es steht für eine kreisförmige Aufstellung einer Schar von Landsknechten, und deren Hauptleute waren dann die Rädelsführer.

Sheriff:

Der Sheriff hat seinen Namen aus dem Arabischen.

Dies Blatt
Befiehlt den Kommissarien, dem Sheriff,
Nach Fotheringhayschloß sich stehnden Fußes
Zur Königin von Schottland zu verfügen,
Den Tod ihr anzukündigen, und schnell,
Sobald der Morgen tagt, ihn zu vollziehn.

(Schiller: »Maria Stuart«, 4. Aufzug)

Auf arabisch heißt »sherif« soviel wie: hoch geehrt, der Name »sherif« ist den direkten Nachkommen des Propheten Mohammed vorbehalten.

Mit diesen arabischen Sherifen ist der amerikanische Sheriff aber nicht verwandt. Sein Name ist abgeleitet aus dem altenglischen »scirgerefa« = Grafschaftsvogt. (»Der Sheriff von Nottingham«). Im »Allzeitfertigen und auf allerley Fälle gerichteten Briefsteller nebst Wörterbuch zum Behuf der Rechtschreibekunst und bey dem Zeitungslesen nützlich« von Chrysostomus Erdmann Schröter aus dem Jahr 1748 finden wir: »Scherif, ein vornehmer Beamter in Engelland«.

Noch heute führen verschiedene englische Verwaltungsbeamte diesen Titel.

sichten:

Sichten kommt von Durchsehen.

Der Satanas hat ewer begert,
das er euch möchte sichten,
wie den weitzen.
(Lukas 22, 31)

Der Personalchef hat Bewerbungen gesichtet. Damit meinen wir heute: Er hat die Bewerbungen durchgesehen. Aber im eigentlichen Sinn des Wortes hat er sie »gesiebt«, denn sichten kommt von »siften« = sieben (im Englischen: to sift). Und genau in diesem Sinn ist auch die obige von Luther übersetzte Stelle aus der Bibel zu verstehen.

Standing ovations: → **Siehe Kapitel Menschen und Gefühle.**

Steckbrief:

Ein Steckbrief wurde ursprünglich gesteckt.

Je nachdem, in welcher Bedeutung man das Wort verwendet. Den »Steckbrief« gibt es im Sinn von »Fahndungsplakat«, aber auch als »Lebenslauf«: Steckbriefe von Prominenten kann man in Zeitschriften lesen, und in der Schule erfuhr man über das »Steckbriefbuch«, wessen Schwarm oder bester Freund bzw. beste Freundin man war. Und nur in der ersten Bedeutung steckt im Steckbrief »stecken«.

Ursprünglich war nämlich der Steckbrief eine Vorladung vor Gericht. Da der Bote der unangenehmen Nachricht die Auseinandersetzung mit den wütenden Schloß- oder Burgherren scheute, steckte er die Vorladung heimlich nachts in den Torriegel. In den Städten wurde die Ladung unter die Haustür gesteckt, wenn der Angeklagte nicht anzutreffen war. Weil die Empfänger in beiden Fällen einen Brief ohne ihr Wissen bekommen, bekam die Redewendung »jemandem etwas stecken« die Bedeutung: heimlich Nachricht zukommen lassen. War der Angeklagte unbekannt, so wurde die Vorladung öffentlich »aufgesteckt«.

Nach einer anderen Erklärung war ein Steckbrief der schriftliche Auftrag, jemanden zu stecken, d.h. ihn aufzuhalten, ihn in den Stock (Gefängnis) zu legen.

→ Siehe auch **stockfinster** im Kapitel *Raum und Zeit*.

Tschüs:

Tschüs ist ein urnorddeutscher Gruß.

So meinen viele Landsleute südlich des Mains. In einer süddeutschen Zeitung hatte sich ein Leser beschwert: »Tschüs« wolle er nicht hören, dieser norddeutsche Gruß, zunehmend auch im Süden der Republik in aller Munde, gehöre in seiner Heimat am besten verboten.

Auch ein Kolumnist einer überregionalen Münchner Tageszeitung geißelte das unschuldige »Tschüs« als »norddeutsche Unsitte«. Aber diese Kritiker irren. Tschüs kommt zwar vom niederländischen »adjus«, deswegen hört man manchmal noch »atschüs«. Aber »adjus« ist nichts anderes als das spanische »adios« und das französische »adieu«, das hat etwas mit dem lieben Gott zu tun, »ad deum« (lateinisch). Frei übersetzt: »Gott zum Gruße« oder auf gut bayerisch: »Grüß Gott«.

Türken, einen Türken bauen:

»Einen Türken bauen« bezieht sich auf eine Charaktereigenschaft von Türken.

»Einen Türken bauen« bzw. »etwas türken« hat seine Wurzel weniger in türkischen als in deutschen Defiziten: Bei der Eröffnung des Nord-Ostsee-Kanals 1895 wurden alle anwesenden Schiffe mit der zugehörigen Nationalhymne begrüßt; als unerwartet auch ein türkisches Schiff erschien, fehlten der Musikkapelle die Noten, und man spielte statt dessen »Guter Mond, du stehst so stille«. Seither wird die Redensart »einen Türken bauen« in der deutschen Sprache verwendet, wenn etwas gründlich schiefgegangen ist.

In einer etwas anderen Bedeutung ist diese Redensart schon früher durch einen von dem Baron Wolfgang von Kempelen (1734-1804) gebauten Schachautomaten entstanden. Dieser Automat, eine Art Kommode mit einer angebauten, türkisch gekleideten lebensgroßen Puppe, gewann fast alle Spiele, aber nicht durch seine beeindruckende Mechanik oder gar durch Magie, sondern weil sich in der Kommode ein Schachmeister versteckt hielt, der durch Magneten im Boden der Figuren die aktuelle Spielposition erkennen konnte und über Hebel seine eigenen Figuren bewegte. Dieses »Türken bauen« oder »türken« hat die Bedeutung »fingieren, fälschen«.

→ Siehe auch **Kümmeltürke** im gleichen Kapitel weiter oben.

um die Ecke bringen:

Damit meint man: ermorden, lautlos zum Verschwinden bringen.

Das ist schon richtig, nur hatte die »Ecke« ursprünglich nicht den Sinn von »Straßenecke«. Vielmehr war die Ecke die Schneide einer Waffe, so wie noch im Grimmschen Deutschen Wörterbuch als erste Bedeutung dieses Wortes aufgeführt. Jemanden »um die Ecke bringen« heißt also wörtlich: Jemanden links und rechts von der Schneide einer Waffe bringen, oder brutaler: in zwei Stücke hauen.

vergattern:

Vergattern kommt von Gatter.

Wenn ein Offizier einen Untergebenen vergattert, kann das zwar zur Folge haben, daß der Soldat sich am Gatter (Tor) einzufinden hat, um dort Wache zu stehen. Aber trotzdem hat »vergattern« mit dem Gatter nur ganz entfernt zu tun. Das alte »vergatern« bedeutet versammeln, und »vergattern« hieß in der Soldatensprache, die Leute bei Beginn des Wachdienstes antreten zu lassen, um sie zur Einhaltung der Dienstvorschriften anzuhalten. In grauer Vorzeit hatten »vergatern«, der »Gatte«, das »Gatter« und das »Gitter« eine gemeinsame Wurzel, die aber in ihrem Bezug zu diesen recht unterschiedlichen Wörtern reichlich dunkel bleibt.

versöhnen:

Versöhnen hat etwas mit »Sohn« zu tun.

Bei »versöhnen« denken viele an den verlorenen Sohn, an Aussöhnung im Sinne von Familienfeier. In Wahrheit kommen beide Wörter aber von der Sühne: man bereut, tut Sühne, und die Mitmenschen sind wieder lieb zueinander.

vertuschen:

Vertuschen kommt von Tusche.

Schriftliches kann dadurch vertuscht werden, daß man es mit schwarzer Tusche übermalt (wenn auch die Verwendung von weißer Tusche, die sich unter dem Namen Tipp-Ex hoher Beliebtheit erfreut, heute zeitgemäßer ist). Aber das Wort »vertuschen« kommt nicht von der Tusche, sondern von dem alten »vertussen« = verbergen, verheimlichen, und ist in diesem Sinn schon an die tausend Jahre in Gebrauch, lange bevor es in Deutschland Tusche gab.

Walze:

Die Walze in »auf die Walze gehen« bedeutet eine Rolle.

Einst ging jeder brave Handwerksbursch einmal in seinem Leben auf Wanderschaft, er ging auf die »Walze«. Zur Fortbewegung brauchte er aber keine Rolle, keine Walze, sondern nur gutes Schuhwerk. Das alte deutsche Wort »walzan« bedeutete: sich fortbewegen, drehen und rollen gleichermaßen. Im Walzertanzen ist die Drehbewegung heute noch sichtbar.

Wiener Walzer:

Der Wiener Walzer kommt aus Wien.

Der Wiener Walzer geht in seinen Vorläufern bis in das Mittelalter zurück und ist damit der älteste Gesellschaftstanz. Aber nach Wien kam dieser Tanz sehr spät. Mitte des 18. Jahrhunderts wird er z.B. in Bayern als sogenannter Drehtanz im Dreivierteltakt erwähnt, aber erst Ende des 18. Jahrhunderts wurde der »Dreher« von den Wienern aufgenommen und »Walzer« genannt. Nochmals mehrere Jahrzehnte später wurde er dann vom Wiener Kaiserhof für gesellschaftsfähig erklärt, und erst um 1900 wurde der Walzer auch in Wien derart beliebt, daß ihn selbst die Modetänze unserer Zeit nicht mehr verdrängen konnten.

Wilde Ehe:

In wilden Ehen geht es wild durcheinander.

Das Beiwort »wild« hieß hier ursprünglich nur »ungesetzlich«; eine »wilde Ehe« (früher auch »Kebsehe« oder »Unehe«) meint seit dem 18. Jahrhundert eine nicht durch kirchliche Trauung sanktionierte Lebensgemeinschaft. Aus dieser Wurzel kommt auch das heute ausgestorbene »wildling« für »uneheliches Kind« oder der in der Pflanzenzucht bekannte »wilde« (= nicht gewollte) Trieb.

→ Siehe auch **Kind und Kegel** im gleichen Kapitel.

World Series:

Die World Series sind ein weltweiter Wettbewerb.

Wir wissen ja alle, daß Amerikaner leicht zum Chauvinismus neigen. Aber die Endrunde ihrer nationalen Baseballmeisterschaft heißt »World Series«, nicht deswegen, weil die Amerikaner das Ereignis zugleich als Weltmeisterschaft gewertet wissen wollen, sondern wegen des ersten Organisators dieser Meisterschaft, der Zeitung »US World«.

Yankee:

Yankee ist eine uramerikanische Bezeichnung.

Cuba si, Yankee no!

Der eine oder andere Leser wird sich noch an diesen und ähnliche Sprüche erinnern, die seinerzeit auf Demonstrationen weltweit sehr in Mode waren, in denen der »Yankee« als das Symbol des Amerikaners schlechthin herhalten mußte.

So uramerikanisch ist der Yankee aber gar nicht. Die Bezeichnung geht auf die Verkleinerungsform von Jan zurück. Niederländisch wird aus einem Jan ein Janke, ein Janchen, und dieser Spitzname für die holländischen Einwanderer wurde dann später zur Bezeichnung für alle US-Amerikaner schlechthin, sicher unterstützt von dem Mark-Twain-Roman »Ein Yankee aus Connecticut an König Artus' Hof«. In diesem Buch läßt Twain die neue Welt der USA und die Traditionen des alten Mutterlands England aufeinanderprallen.

Zeitungsente:

Eine Zeitungsente hat etwas mit einer Ente zu tun.

Das ist alles Unsinn! Weiter nichts als eine Zeitungsente. Die leben ja von Sensationen! (Edgar Wallace: »Der Unheimliche«)

Vielleicht, vielleicht aber auch nicht. Eine mögliche Erklärung für die Zeitungsente im Sinn von »Falschmeldung« knüpft tatsächlich an die Ente an: Zeitungsente als Übersetzung des französischen »canard«. »Vendre un canard à (la) moitié« bedeutet: eine halbe Ente für eine ganze verkaufen, also: lügen oder täuschen. Deshalb meint man auf französisch mit »canard« nicht nur Ente sondern auch Lüge.

Wahrscheinlicher ist aber die Entstehung der Zeitungsente aus den unverbürgten Meldungen, die früher einen Stempel »n.t.« (= »non testatum«) für »nicht geprüft« erhielten. Man sagte: »Das ist eine n.t.-Meldung« oder kurz: »das ist eine n.t.« (sprich: Ente).

Und nach einer dritten Deutung schließlich kommt die Zeitungsente von dem Wort »Legende«, das in Zusammenhang mit einer bewußten Falschmeldung in »Lüg-ente« verdreht wurde. Als Kurzform etablierte sich dann »Ente«.

Literatur

Karl Gustav Andresen:	Deutsche Volksetymologie, Heilbronn 1878.
Gerhard August:	Wortfamilienwörterbuch der deutschen Gegenwartssprache, Tübingen 1998.
Renate Bebermeyer:	Volksetymologische Wortspiele im heutigen Sprachgebrauch, Sprachspiegel 33, 1977, S. 8-12.
Christoph Drösser:	Stimmt's? Die Zeit, 29.8.1997.
Duden Bd. 7:	Herkunftswörterbuch, Mannheim 1989.
Duden Bd. 11:	Redewendungen und sprichwörtliche Redensarten, Mannheim 1992.
Duden Bd. 12:	Zitate und Aussprüche, Mannheim 1993.
Duden:	Das große Wörterbuch der deutschen Sprache, 10 Bde., Mannheim 1999.
Etymologisches Wörterbuch:	Etymologisches Wörterbuch des Deutschen, 3 Bde., Berlin 1989.
Ruth Geier:	Vom Kater und anderen Fehletymologien, Sprachpflege 21 1972, S. 212f.
Christoph Gutknecht:	Lauter böhmische Dörfer. Wie die Wörter zu ihrer Bedeutung kamen, München 1995.
Renate Hermann-Winter:	Kleines plattdeutsches Wörterbuch, Rostock 1985.
Kluge:	Etymologisches Wörterbuch der deutschen Sprache, Berlin 1999.
Johann Knobloch:	Das schöpferische Mißverständnis, Lingua 21, 1968, S. 237-249.
Hans-Gert Kramer/ Günter Linde:	Sprachen die Neandertaler englisch? Eine Reise durch die Welt der Sprachen, Berlin 1993.
Kurt Krüger-Lorenzen:	Deutsche Redensarten und was dahinter steckt, Wiesbaden 1960.
Bernd-Lutz Lange:	Dämmerschoppen, Köln 1997 (besonders das Kapitel »Sprachdenkmäler«).

Waltraut Legros: Was die Wörter erzählen. Eine kleine etymologische Fundgrube, München 1997.

Matthias Lexer: Mittelhochdeutsches Taschenwörterbuch, Stuttgart 1963.

Ronald Lötzsch: Jiddisches Wörterbuch, Mannheim 1992.

Lutz Mackensen: Ursprung der Wörter. Etymologisches Wörterbuch der deutschen Sprache, Wiesbaden 1985.

Roland Michael: Wie, Was, Warum?, Augsburg 1994.

Martin Müller: Goethes merkwürdige Wörter, Darmstadt 1999.

Andreas Nachma: Jiddisch im Berliner Jargon, Berlin 1994.

Heike Olschansky: Täuschende Wörter. Kleines Lexikon der Volksetymologien, Stuttgart 1999.

Nabil Osman (Hg.): Kleines Lexikon deutscher Wörter arabischer Herkunft, München 1992.

Heinrich G. Reichert: Unvergängliche lateinische Spruchweisheit, Wiesbaden o.J.

Hans Reimann: Vergnügliches Handbuch der deutschen Sprache, Wiesbaden 1964.

Lutz Röhrich: Das große Lexikon der sprichwörtlichen Redensarten, 3 Bde., Freiburg 1991 f.

A.J. Storfer: Wörter und ihre Schicksale, Berlin 1935.

Rudolf Thiel: Der Schein trügt. Etymologische Täuschungen von A bis Z, Sprachpflege 1983/8, S. 116ff.

Ernst Wasserzieher: Woher? Ableitendes Wörterbuch der deutschen Sprache, Bonn 1966.

O. Weise: Unsere Muttersprache, ihr Werden und ihr Wesen, Leipzig 1919.

Gustav Wustmann: Allerhand Sprachdummheiten, Leipzig 1903.

Walter Zerlett-Olfenius: Aus dem Stegreif, Berlin 1943.

Stichwortverzeichnis